Estland
Lettland
Litauen

Autorinnen: Anita Kugler, Stefanie Bisping
Bildredaktion: Hans-Joachim Schneider
Gesamtproducing: Hans-Joachim Schneider
Gesamtherstellung: KOMET Verlag GmbH, Köln

Printed in China
ISBN 978-3-89836-766-0
www.komet-verlag.de

Anita Kugler
Stefanie Bisping

Estland
Lettland
Litauen

KOMET

Inhalt

0 25 50 75 km
Finnland
Hanko/Hangö
Suomenlahti
Finska Viken
Soome laht
Ostsee
Tallinn
Maardu
Paldiski
Keila
Kohila
Rapla
Haapsalu
Hiiumaa
Kärdla
Käina
Heltermaa
Muhu
Orissaare
Kuivastu
Virtsu
Saaremaa
Kuressaare
Salme
Sääre
Liivi Laht
Estland
Paide
Türi
Viljandi
Pärnu
Tartu
Elva
Võru
Valga
Kohtla-Järve
Narva
Ivangorod
Rakvere
Tapa
Jõgeva
Peipsi
Čudskoje ozero
järv
Pskovskoje ozero
Pskov
Russland
Ventspils
Talsi
Rīgas Jūras Līcis
Rīga
Jūrmala
Tukums
Kandava
Kuldīga
Liepāja
Saldus
Dobele
Jelgava
Bauska
Ogre
Sigulda
Cēsis
Valmiera
Vidzeme
Lettland
Madona
Gulbene
Alūksne
Rēzekne
Ludza
Jēkabpils
Līvāni
Daugavpils
Krāslava
Kurzeme
Palanga
Klaipėda
Kretinga
Plungė
Telšiai
Mažeikiai
Šiauliai
Radviliškis
Panevėžys
Biržai
Rokiškis
Utena
Ukmergė
Kėdainiai
Raseiniai
Tauragė
Šilutė
Neringa
Litauen
Kaunas
Jonava
Kaišiadorys
Elektrėnai
Vilnius
Lentvaris
Marijampolė
Alytus
Kurškij Zaliv (Kurisches Haff)
Zelenogradsk
Sovetsk
Neman
Kaliningrad
Gvardejsk
Černjachovsk
Gusev
Russland
Bartoszyce
Kętrzyn
Giżycko
Olecko
Suwałki
Ełk
Olsztyn
Augustów
Lida
Ašmjany
Maladzečna
Vilejka
Smarhon
Pastavy
Hlybokae
MINSK

Die baltischen Staaten

Für uns Mitteleuropäer steht die geographische Bezeichnung Baltikum für die drei Länder Estland, Lettland und Litauen. Auch nach der Loslösung von der Sowjetunion und der Erlangung der staatlichen Unabhängigkeit der drei Staaten wird „das Baltikum“ im Ausland noch immer gerne als Einheit wahrgenommen, die in der politischen und historischen Wirklichkeit kaum je existiert hat. Vielerorts herrscht die irrige Annahme, dass diese drei Länder mehr oder weniger gleich seien und dieselbe historische Erfahrung aufwiesen, was für Estland und Lettland, wie in diesem Band gezeigt wird, in gewissem Maße zutrifft, aber für alle drei Länder zusammen nur für das 20. Jahrhundert. In Geschichte, Kultur, Sprache, Religion und Tradition gibt es mehr Unterschiede als Gemeinsamkeiten, darauf legen die Einheimischen auch den größten Wert.

Der Begriff Baltikum kommt sehr wahrscheinlich von „Mare Balticum“ (Baltisches Meer), aus der Zeit, in der die Landkarten lateinische Bezeichnungen trugen. Tacitus hatte in seiner Beschreibung des nördlichen Ostseegebiets dessen Bewohner „Aesti(i)“ genannt, die Bezeichnung Esten ist davon abgeleitet. In späteren Quellen werden die Bewohner gerne als „balts, balta, baltas, balta“ bezeichnet, was in der litauischen und lettischen Sprache „rein, hell, licht, weiß“ bedeutet. Als „Balten“ bezeichnete sich später nur die deutsche Minderheit in Estland und Lettland, die baltischen Völker hingegen verwendeten ihre eigenen Volks- oder Stammesbezeichnungen wie Kuren, Liven, Selen, Litauer, Semgaller und Lettgaller. Das war schon immer so und gilt heute, da sich die drei Völker nach den langen Jahren der sowjetischen Zwangseinheit wieder stärker auseinander entwickeln, mehr denn je.

Sie trifft man überall in den baltischen Staaten als Souvenirs: die russischen Matroschkas.

Estland – Land der Dichter und des Internets

Lage, Größe

Die Esten nennen ihr Land Eesti, der Vokal „e" wird gedehnt, so klingt der Name melodisch. Im Deuten wird Estland falsch akzentuiert, da stets das „s" betont wird, als ob es „Esstland" hieße. Das mögen die „Eesten" nicht. Estland ist die nördlichste, kleinste und bevölkerungsärmste baltische Republik, zugleich die modernste, wirtschaftlich erfolgreichste und ökologisch am meisten belastete.

Mit 45.211 qkm Gesamtfläche ist das Land etwa so groß wie Niedersachsen, oder, was die Esten lieber hören, nur etwas kleiner als die Schweiz. Von West nach Ost erstreckt es sich über 350 Kilometer, von Nord nach Süd über 240 Kilometer. Weil es so hoch im Norden liegt, geht die Sonne im Sommer nur kurz unter, im Herbst/Frühjahr sieht man nicht selten über dem Meer das grüne Nordlicht flackern. Am 21. Dezember, dem kürzesten Tag des Jahres, dauert die Nacht 18 lange Stunden.

Rechte Seite: Eine alte Baumallee führt zu einem einsam gelegenen Gehöft.
Unten: Dramatische Wolkenstimmung über der Küste von Estland.

Im Norden wird Estland vom Finnischen Meerbusen begrenzt, im Westen von der Ostsee, die deshalb im Estnischen „Westsee“ heißt, und im Südwesten von der Rigaer Bucht. Die Küstenlänge beträgt 1.242 km. Rechnet man die zum Staatsgebiet gehörenden 1.521 Inseln dazu, hat es sogar eine 3.794 km lange Küste, mehr als jedes andere Land in Europa.

Im Süden grenzt Estland auf 339 Kilometer Länge an Lettland, die im Osten verlaufende Grenze zu Russland ist 294 Kilometer lang. Diese Linie ist seit Estlands Beitritt zur Europäischen Union im Mai 2004 und zum Schengener Abkommen im Dezember 2007 gleichzeitig EU-Außengrenze. Sie verläuft über 125 Kilometer mitten durch den Peipussee (Peipsi järv) und an dessem nördlichen Ende über weitere 77 Kilometer im Narwa-Fluss und im gleichnamigen See.

Das Land ist inklusive der Hauptstadt Tallinn in 15 Kreise eingeteilt, die jeweils von einem Gouverneur geleitet werden. Unterhalb dieser Ebene gibt es 241 Städte und Gemeinden. 32 von ihnen zählen mehr als 10.000 Einwohner. In Talinn (Reval) lebt mit 399.000 Einwohnern etwa ein Drittel der estnischen Bevölkerung.

Rechte Seite: Anders als bei seinen baltischen Nachbarn gibt es in Estland stellenweise eine Steilküste.
Unten: Der Leuchtturm von Ehalkivi südlich von Kund an der estnischen Nordküste.

Heute ist Narwa eine Industriestadt, aber seine Burg ist von großer historischer Bedeutung.

Ebenfalls bedeutend sind die Universitätsstadt Tartu (Dorpat) mit 101.300 Einwohnern, die an der russischen Grenze gelegene Industriestadt Narwa mit 67.500 Einwohnern und die an der Ostsee liegende „Sommerhauptstadt" Pärnu (Pernau) mit 44.800 Einwohnern.

Das heutige Gebiet Estland, das erst nach dem Ersten Weltkrieg seine Eigenstaatlichkeit erringen konnte, entstand aus der historischen Provinz Estland (auch „Ehstland") und dem 1918 angeschlossenen, vorwiegend von Esten besiedelten nördlichen Teil Livlands, auch „Nordlivand" genannt.

Das frühere Estland sowie das alte Livland (Nord- und Südlivland) gehörten als selbstständig verwaltete Gouvernements seit 1721 zum Russischen Zarenreich (s. Kap. Reval, S. 56). Die Russische Ostseeprovinz Estland umfasste mit nur 20.248 qkm einschließlich der Hauptstadt Reval und den im Finnischen Meerbusen gelegenen Inseln Dagö (Hiiumaa), Moon (Muhu) und Worms (Vormsi) u. a., weniger als die Hälfte des heutigen Staatsterritoriums.

Die große Insel Ösel (Saaremaa) gehörte zur russischen Nachbarprovinz Livland. Die beiden Gouvernements wurden durch eine unsichtbare Grenze getrennt. Sie verlief von Virtsu gegenüber der Insel Saaremaa in etwa auf der Höhe der Stadt Paide (Weißenstein) bis zur Burg Ilisaku, die 30 Kilometer oberhalb des Peipus-Sees am Fluss Narwa liegt. Die gesamte Region

Der größte Teil Estlands ist flach wie ein Brett.

nördlich und östlich der Rigaer Bucht gehörte zu Livland, in dem zwar keine Verwaltungs-, aber eine sehr deutliche Sprachgrenze existierte.

In Nordlivland, dem Gebiet, das heute zur Republik Estland gehört, sprach die Landbevölkerung Estnisch, im Südlivland aber Lettisch. Nur die „Herren" sprachen überall Deutsch und untereinander gerne Französisch.

Nachdem Estland und Lettland sich 1918 unabhängig erklärt und zwei Jahre über die genaue Grenzlinie gestritten hatten, entschied eine britische Kommission unter Leitung des Obersten S.G. Tallents am 1. Juli 1920, sie entlang der Sprachgrenze verlaufen zu lassen.

Topographie, Natur, Klima

In Estland wird gerne vom Berg Suur Munamägi (Großer Eierberg) erzählt, der mit 318 m.ü.d.M. die höchste Erhebung des Baltikums ist. Er erhebt sich im Osten nahe der lettischen Grenze. Ansonsten ist das Land flach wie ein Uhrglas, aber dennoch landschaftlich außerordentlich interessant und abwechslungsreich. Für Geologen ist Estland sogar ein Paradies. Hier lässt sich genau studieren, wie vor etwa 12.000 Jahren die aus Skandinavien vorrückenden, bis zu 3.000 Meter hohen Eisgletscher das Land flachgehobelt haben. Die Findlinge sind liegengeblieben, man sieht sie vor allem an der Küste. Einige sind so mächtig, dass sie, wie der 19 mal 7 Meter große Kabelikivi (Kapellenberg) östlich von Tallinn (Reval) eigene Namen tragen.

Am nachhaltigsten ist das Binnenland von den selten mehr als 20 Meter hohen, dafür bis zu 2.000 Meter langen Moränenhalden (Drumlins) geprägt. Der Gletscherschutt ist vom Eis weit in die Osteuropäische Tiefebene geschoben worden.

Zwischen den zahlreichen Drumlins liegen die für Estland typischen, abflusslosen Senkungen, die von ausgedehnten, landwirtschaftlich nicht nutzbaren Moor- und Wiesenlandschaften oder mit Seen bedeckt sind. 1.200 von ihnen umfassen mehr als einen Hektar. Die Moorlandschaften machen etwa ein Fünftel der Fläche Estlands aus.

Die größten Moorgebiete liegen zwischen dem Peipussee und dem Binnensee Võrtsjärv sowie in Nordestland zwischen den Landstrichen Korvemaa und Alutaguse. Seit den 50er Jahren wird großflächig Torf abgebaut, früher als Heizmaterial, heute für die Blumenliebhaber in Westeuropa. Die Umweltschäden, die sowohl das Verfeuern als auch der Torfexport angerichtet haben und weiter anrichten, sind beträchtlich. Ganze Landstriche sind schon ökologisch tot, eine Renaturierung ist in Estland nicht vorgeschrieben.

Seit 1991 ist dem industriellen Abbau ein gewisser Riegel vorgeschoben. Etwa 20 Prozent der Fläche Estlands unterliegen seitdem dem Landschaftsschutz, allerdings werden die Schutzbestimmungen lax ausgelegt.

Dieser Findling an der Küste von Ehalkivi soll der größte in ganz Estland sein.

Es gibt insgesamt fünf Nationalparks. Lahemaa und Vilsandi bestehen seit 1971, Karula und Soomaa seit 1993 und Matsalu wurde 2004 eingerichtet. Neben ihnen gibt es neun Naturschutzgebiete, von denen sechs große Moor- und Feuchtgebiete umfassen.

Besonders abwechslungsreich ist die estnische Küste mit ihren vielen Buchten, Halbinseln, Kaps, Klippen, Schilfzonen und den eindrucksvollen Findlingsanhäufungen. Die größte Besonderheit ist der „Baltische Glint“: ein Steilabbruch aus harten Kalksteinbänken, der sich von Schweden bis zum Ladoga-See in Russland zieht und größtenteils unter Wasser liegt.

Aber in einigen Abschnitten an der nördlichen Küste des Finnischen Meerbusens ragt der wie ein Baumkuchen geschichtete Glint weit über die Meeresoberfläche heraus, in Päite sogar 50 Meter weit. Die Felsen bieten einen dramatischen Anblick. Wenn man es so will, ist Kalkstein Estlands Nationalgestein. Das mittelalterliche Reval ist ganz aus diesem grauen Stein gebaut. Lange Sandstrände zum Baden gibt es nur in Pärna an der Rigaer Bucht sowie im Norden bei Narwa.

Einzigartig sind die vielen Krater in Westestland, besonders auf der Insel Saaremaa (Ösel). Der größte bei Kaali hat einen Durchmesser von 110 Metern, ist kreisrund, 16 Meter tief und um-

Winterliche Stimmung auf dem Land.

schließt einen grün schillernden See. Um ihn rankten sich viele Mythen, bis 1937 ein Geologe das Rätsel aufklärte. Vor etwa 3.000 Jahren soll hier ein 80 Tonnen schwerer Eisenmeteorit niedergegangen sein. Beim Eintritt in die Erdatmosphäre zerbrach er und ging als Meteoritenschauer nieder.

Das eiszeitlich geprägte Estland besitzt 1.521 Inseln in der Rigaer Bucht und im Finnischen Meerbusen. Die größten sind Saaremaa (Ösel) mit 2.900 qkm sowie Hiiumaa (Dagö), Muhu (Moon) und Vormsi (Worms), die 965, 198 und 92 qkm groß sind.

Im westlichen Teil von Saaremaa liegen die Vogelschutzgebiete Vilsandi und Matsalu. Während des Vogelzuges lassen sich hier Millionen Vögel nieder, so viel wie nirgends sonst in Europa. Zudem nisten hier etwa 80 Seeadler-Paare. Zwischen den Inseln leben noch mehrere tausend Kegel- und Ringelrobben, deren Zahl durch die katastrophale Überfischung der Ostsee aber rasant abnimmt.

Ruhnu (Runö) ist die Insel, deren Geschichte am meisten aus dem Rahmen fällt. Sie liegt weit von Estland entfernt mitten in der Rigaer Bucht. Seit 1341 war sie ununterbrochen von Estland-Schweden bewohnt, bis die gesamte Bevölkerung

Rechte Seite: Leuchtturm an der Küste von Saarema.
Unten: Der kreisrunde Krater von Kali ist wohl durch den Einschlag eines Meteoriten entstanden.

am 4. August 1944 vor der Roten Armee nach Schweden floh.

Dieser Exodus beendete eine einzigartige Kultur, die bis dahin gepflegt worden war. Weil es auf dieser Insel keine Güter gab, existierte auch keine Leibeigenschaft, wie sie auf dem Festland bis 1817 bestanden hatte. Jede Familie besaß einen kleinen Hof, aber alle Arbeiten wurden gemeinschaftlich verrichtet. Man sprach einen eigenen Dialekt der sich „Runsk“ nannte, lehnte die Moderne ab, hörte auf den Pfarrer – die Holzkirche aus dem Jahr 1644 steht noch – und trug nur die bunten Inseltrachten.

Stand eine Hochzeit bevor, schloss man aus der Anzahl der Röcke, die die Braut übereinander zog, auf ihren Reichtum. Den Inselrekord brach Ende der 20er Jahre ein Mädchen, das 50 Röcke trug. In den sowjetischen Jahren wurde die Insel, wie viele andere auch, zum militärischen Sperrgebiet. Heute wohnen hier im Sommer etwa 60 Esten.

Nur einmal schaffte es Ruhnu in die internationalen Nachrichten. Das war, als im Winter 2006 ein Braunbär auf der Insel gesichtet wurde und sich ganz Estland sorgte, wie er denn wieder auf das weit entfernte Festland käme, wenn er ausgeschlafen und die Ostsee eisfrei sei.

Fast die Hälfte des Staatsterritoriums, im Jahr 2004 waren dies immerhin 48,9 Prozent, sind von Wäldern bedeckt. Die Forstwirtschaft ist ein

Rechte Seite: Eine der historischen Windmühlen, von denen es in Estland noch viele gibt (Angla, Saaremaa).
Unten: Junge estnische Mädchen bei einer Folkloreveranstaltung.

Das Holz aus den ausgedehnten Wäldern Estlands ist ein wichtiger Wirtschaftsfaktor.

wichtiger Wirtschaftsfaktor. Ein Großteil wird zu Papier verarbeitet, die vielen Zellulosefabriken nehmen den Umweltschutz jedoch nicht sehr ernst. Ein Großabnehmer ist das Möbelunternehmen IKEA, das aber in Litauen produzieren lässt.

Für etwa ein Drittel der Wälder gibt es unterschiedliche Naturschutzbeschränkungen, am vorsichtigsten werden die Urwälder in Järvelja im Landkreis Tartmaa östlich von Tartu (Dorpat) ausgeschlagen sowie der Urwald Poroni im Landkreis Ida-Virumaa im Nordostteil des Landes.

In den Wäldern lebt die Hälfte des estnischen Vogelbestandes, eine Zählung von 2004 ergab 172 unterschiedliche Arten. Auch viele Säugetiere wurden beobachtet. Neben Elchen, Rehen, Nerzen und 15.000 Bibern leben hier auch Wölfe, 800 Luchse und sogar rund 600 Braunbären.

Obwohl Estland seine Zugehörigkeit zu Europa stark betont, hat es nicht seine strengeren Jagdvorschriften übernommen. Alle Tiere werden immer noch geschossen, sogar Bärenfleisch soll schon in teuren Restaurants gelandet sein. Vor allem die Wölfe sind vom Aussterben bedroht. 1994 wurden noch 700 gezählt, zehn Jahre später nur noch 100.

Das estnische Klima gleicht dem anderer Ostseestaaten. Wegen der Nähe zum Meer ist der

Oben: Eisangeln ist in Estland mehr als nur ein Sport.
Nachfolgende Seite: Typisch für Estland ist die bauchige Form vieler alter Windmühlen

Himmel häufig bedeckt, es fällt viel Regen, am meisten im Sommer. Im Frühjahr und Sommer ist es lange Zeit kühl, die Durchschnittstemperatur beträgt im Juni nur 17 °C. In den letzten Sommern stiegen die Temperaturen aber oft auf über 30 °C, die baltischen Länder profitieren von der globalen Erderwärmung.

Im Herbst und im Winter führt die im Sommer gespeicherte Wärme des Meeres zu relativ milden Temperaturen: Im kältesten Monat Februar beträgt die Durchschnittstemperatur nur –5 °C. Im Binnenland wird das Klima vom kalten Osten bestimmt, hier sind Temperaturen bis –30 °C nicht ungewöhnlich.

Sprache

Estnisch ist eine melodische Sprache mit neun gedehnten Vokalen, so braucht jedes Wort seine Zeit. Es ist dem Finnischen nah, mit dem Ungarischen entfernt verwandt und gehört deshalb zu der Gruppe der finno-ugrischen Sprachen. Durch den Einfluss des Deutschen Ordens sind viele Lehnswörter aus dem Niederdeutschen übernommen worden, z. B. „müts“ für Mütze. Die Sprache kennt kein grammatisches Geschlecht, kein „er“, keine „sie“, nur eine gemeinsames „tama“. Dafür gibt es 14 Fälle.

Während im Lettischen das Wort „ja“ ein Fremdwort ist, gibt es im Estnischen kein Wort

und keinen Begriff für die Bedeutung von „kein". Die Aussage „das interessiert doch keinen" umschreiben Esten mit: „Das interessiert doch irgendeinen: falsch".

Estnisch wird weltweit nur von etwa 900.000 Menschen gesprochen, 90 Prozent von ihnen leben im Land. Das kleine estnische Volk definiert sich – wie auch die Letten – über seine Sprache. Sie ist heute – das war aber nicht immer so – das stärkste Bekenntnis zur nationalen Identität. Aus diesem Grund wird die estnische Literatur von der Bevölkerung so geliebt und von der Regierung gefördert.

In den letzten 130 Jahren war die Sprache zweimal bedroht; zuerst Ende des 19. Jahrhunderts, als Zar Alexander II. seine drei Ostseeprovinzen Estland, Livland und Kurland russifizierte. Viel brutaler wurde in den 47 Jahren der Estnischen Sozialistischen Republik durchgegriffen.

Durch die Massendeportation von etwa 100.000 Esten nach Sibirien (s. S. 35), eine gezielte Förderung der russischen Einwanderung und durch die Einführung des Russischen als Staats- und Schulsprache sollte die Muttersprache marginalisiert werden. 1990 beherrschten nur noch 63 Prozent der Bevölkerung Estnisch, nur die Wiedererlangung der Unabhängigkeit rettete die Sprache vor dem allmählichen Aussterben.

Die neue Regierung erließ sofort ein Sprachengesetz, in dem Estnisch zur Lingua franca erklärt wurde und legte fest, dass jeder Einwohner des Landes das garantierte Recht auf eine Ausbil-

Vorhergehende Seite: In Angla auf Saaremmaa stehen gleich mehrere der historischen Windmühlen.
Unten: Estnisch wird weltweit von weniger als von einer Million Menschen gesprochen.

dung „in und auf“ Estnisch habe. Minderheitensprachen erhielten somit keinen besonderen Status, sondern wurden als Fremdsprachen klassifiziert.

Die massive Sprachförderung, die Anfang der 90er Jahre zwei Drittel des Bildungsetats verschlang, zeigte Wirkung. Die Zahl der Einwohner, die Estnisch als Erst- oder Zweitsprache beherrschen, war bis 2004 auf 91 Prozent gestiegen. Nur die russische Bevölkerung im Nordosten zeigt nach wie vor wenig Ambitionen, die Landessprache zu lernen.

Forciert wurde die Sprachkompetenz auch, indem der Anteil der russischen Schulen deutlich heruntergefahren wurde. Während es im Jahr 2000 noch 170 russischsprachige Schulen gab, sind es heute nur noch 85. 2007 gab es 21 gemischtsprachige und 625 estnische Schulen. Bis 2009 soll auch in den „russischen“ Lehranstalten der Oberstufenunterricht auf Estnisch erfolgen.

Die Wacholderdeutschen und die Nationalbewegung

Es gab eine Zeit, da schämten sich viele Esten ihres Standes und ihrer Sprache. Sie hielten sie für eine Bauernsprache, nannten sie auch so, sie war ihnen peinlich; sie versperrte ihnen den Weg nach oben. Denn oben wurde Deutsch gesprochen, aber sie waren unten.

Sie waren die „Undeutschen“, wie alle Nichtdeutschen mit Ausnahme der Russen von den

Ein historischer Bauernhof im Dorf Viki auf Saaremaa.

Nur noch eine mächtige Ruine ist die Burg von Rakvere.

„Deutschbalten" genannt wurden; die indigenen Letten und Esten, auch die Finnen und die Schweden, die im Hafen malochten oder Teer kochten. Sie plagte der ständische Minderwertigkeitskomplex vor den Deutschen, nicht den Deutschen als solchen, sondern den Deutschen als Herren.

So wollten viele Esten Deutsch wie die Deutschen sprechen, um nicht mehr „Bauer" bleiben zu müssen, sondern aufsteigen zu können, um Deutscher zu werden. Das war in den Jahrzehnten nach 1817, als dieLeibeigenschaft abgeschafft worden war und bevor studierte Patrioten aus Dorpat (Tartu) kamen um unter den „Undeutschen" zu agitieren. Die Parole lautete, der soziale Aufstieg erfordere keinen Volkstumswechsel, die Volkstumszugehörigkeit sei kein Synonym für „Bauer".

„Este! Bleibe in jeder Kleidung und unter jedem Namen ein Este, dann bist Du ein ehrenwerter Mann." So ermunterten sie die „Undeutschen", undeutsch zu bleiben.

Nur eine Gruppe war den Emanzipierten ein Gräuel – die „Halbdeutschen". Sie verspotteten sie als „Kadakenser" oder „Wacholderdeutsche", die sich weder in der einen noch der anderen Sprache richtig ausdrücken konnten. Die „Kadakenser" wurden Gegenstand einer eigenen Spottliteratur.

Diese thematisierte ihr Kauderwelsch, ihre Affektiertheit und ihre tanzwütigen Knicks-Mariechen, die nach deutschen Kavalieren Ausschau hielten, wenn im Verein ein Ball war – oder, im Idiom der Kadakenser, „kui Verinis ball oli".

Oben: Auch von der alten Bischofsburg in Haapsalu stehen nur noch die Grundmauern.
Nachfolgende Seite: Tristan und Isolde als Teil einer Holzskulptur im Rathaus von Tallinn.

So begann die Zeit des „Nationalen Erwachens“, in der die estnischen Intellektuellen sich bemühten, die diskriminierte „Bauernsprache“ in ein Medium der europäischen Kulturwelt zu verwandeln. Ab etwa 1860 beschäftigten sich alle estnischen Literaten enthusiastisch mit der Pflege der Sprache, der Ergänzung von Lexika und der Phraseologie sowie mit dem Sammeln der alten Erzählungen, die von den Bauern über Jahrhunderte immer nur mündlich weitergegeben worden waren.

Eine der wichtigsten Gestalten dieser Ära war die Dichterin Lydia Koidula (Emilie Jannsen, 1843–1886). Sie begründete das estnische Drama und war eine der führenden Gestalten der Nationalbewegung. Ebenfalls bedeutend war der Arzt und Schriftsteller Friedrich Reinholf Kreutzwald (1803–1882). Sein 20.000 Verse umfassendes Epos „Kalevipoeg“ (1857) führt Hunderte von estnischen Legenden und Volkserzählungen über die Abenteuer des mythischen Helden Kalev zusammen.

Dieser kämpfte mit Wölfen und bösen Geistern, ließ Städte bauen und suchte nach dem Ende der Welt. Das Epos endet mit Kalevs Tod und der Eroberung seines Landes durch Fremde, aber auch mit einem Versprechen, in die Heimat zurückzukommen „seinem Volk das Glück zu bringen und das Geschlecht der Esten neu erstehen zu lassen“.

Bis zur Jahrhundertwende hatte sich durch die Kultur- und Bildungsbewegung das Prestige der estnischen Sprache bedeutend erhöht. Die zweitschönste Sprache der Welt, vereinigt mit der Idee von Gleichheit und Gerechtigkeit, führte in die

HIER
RUHT
IN
GOTT
IOHANN CHRISTOPH DAVID HOWE
GEB: LÜBECK D. 11. MÄRZ. 1839 N. ST.
GEST: ZINTENHOF, D. 11. APRIL 1868 A. ST.

nationale Autonomiebewegung, die nach dem Sturz des Zaren in Russland mit der Proklamation der souveränen Estnischen Republik am 24. Februar 1918 ihren Höhepunkt fand.

Zwischen den Kriegen

Die Unabhängigkeit musste allerdings mit drei Kriegen erkämpft werden. Der Estnische Freiheitskrieg richtete sich im November 1918 gegen die ins Land einmarschierte Rote Armee, die Schlacht von Cēsis im Juni 1919 (Wenden/Nordlettland) gegen die Baltische Landeswehr, eine deutschbaltische, republikfeindliche Freiwilligenarmee (s. Teil Lettland, S. 180). Im Dezember 1919 folgte ein Abwehrkrieg an der eigenen Ostgrenze, in dem Estland erneut gegen die Rote Armee antrat. Erst mit dem in Tartu (Dorpat) unterzeichneten Friedensvertrag vom 2. Februar 1920 erkannte Räterussland die Unabhängigkeit Estlands an.

Es begann eine Zeit, in der es gelang, moderne Gesellschaftsstrukturen und stabile Wirtschaftsformen zu entwickeln. Zuvor war – wie in Lettland auch – durch eine Agrarreform die Jahrhundertealte Dominanz des deutsch-baltischen Gutsadels beseitigt worden.

Mit dem Gesetz vom 10. Oktober 1919 wurden 96 Prozent des Großgrundbesitzes enteignet, das

Vorhergehende Seite: Gräber von Baltendeutschen auf dem Friedhof von Tori.
Unten: Schloss Katharinental, die ehemalige Sommerresidenz Zar Peter I.

entsprach 58 Prozent der landwirtschaftlichen Nutzfläche. Die „Barone“ durften nur einen geringen Restteil behalten. Aus den früher so mächtigen Gutsherren wurden schwer arbeitende Bauern, dennoch überwiegend loyale estnische Staatsbürger.

Vor dem Zweiten Weltkrieg machten die nationalen Minderheiten nur 12 Prozent der Bevölkerung aus. 970.000 Esten (88 Prozent) standen etwa 18.000 Deutschen (1,7 Prozent) und 16.000 Schweden gegenüber. Mit etwa acht Prozent der Bevölkerung bildeten die Russen die größte, die Juden mit 0,4 Prozent die kleinste Minderheit. Ihnen wurde mit dem „Gesetz über die Kulturautonomie der nationalen Minderheiten“ vom 5. Februar 1920 Rechte zugestanden, die es sonst in Europa nirgends gab.

Weil die Russen sich nicht einigen konnten und die Schweden nicht wollten, nahmen nur die deutsche und die jüdische Minderheit ihre Chance wahr. Sie konstituierten sich als öffentlich-rechtliche Körperschaften zu selbstständigen „Kulturverwaltungen“ und gestalten alle Gebiete des kulturellen Lebens, insbesondere ihr Schulwesen, vollkommen eigengesetzlich.

Im Ausland wurde dieses Gesetz als „Visitenkarte des estnischen Volkes zum Eintritt in die Welt der freien Völker“ gerühmt, auch wenn es niemand nachmachen wollte.

Wappenepitaphe im Tallinner Dom.

Ein altes Steinkreuz auf einer Wiese an der Küste

Die Kulturautonomie währte nicht lange. Auch das liberale Estland geriet nach der Weltwirtschaftskrise in den Strudel des Chauvinismus. Unter dem Vorwand, das Land vor den Extremisten schützen zu müssen, beseitigten 1934 der Chef der Übergangsregierung Konstantin Päts und der Oberbefehlshaber der estnischen Armee, Johann Laidoner, die demokratische Verfassung durch einen Putsch.

Es begann die „Ära der Stille", in der die Bürgerrechte, die Minderheitengesetze, die Pressefreiheit abgeschafft sowie die Parteien verboten wurden und die Jugend der deutschen Volksgruppe immer stärker der nationalsozialistischen Auslandspropaganda verfiel.

Sowjetische Invasion und Zweiter Weltkrieg

In diesem innenpolitischen Lähmungszustand wurde mit dem „Geheimen Zusatzprotokoll" des Deutsch-Sowjetischen Freundschaftspaktes vom 23. August 1939 Estlands Schicksal besiegelt. Hitler erhielt Polen zugeschlagen und Stalin die drei baltischen Länder. Die Deutschbalten folgten der „Heim ins Reich"-Parole; von 1939 bis 1941 verließen etwa 17.000 Deutsche das Land.

Am 28. September 1939 rückten Tausende von russischen Soldaten ein, überall wurden Militärstützpunkte errichtet, der erste war Paldiski, 40 Kilometer westlich von Tallinn. In Tallinn

Der bekannteste Turm von Tallinns Unterstadt ist die „Dicke Margarete" (Paks Margareeta), eine kreisrunde Bastion aus dem 16. Jahrhundert

inszenierten Kommunistische Parteimitglieder den „Aufstand des Volkes", der den Anschluss an die UdSSR forderte. Die politisch führenden Esten wurden in den Gulag verschickt, eine Marionettenregierung installiert und am 6. August 1940 nahm der Oberste Sowjet den „Antrag" Estlands auf Beitritt zur UdSSR an. Damit waren die längst eingerichteten Militärstützpunkte formal legalisiert.

Zwischen Juli 1940 und Juni 1941 verhaftete das NKWD (die Politische Geheimpolizei der Sowjetunion) etwa 7.500 politisch aktive Esten und Offiziere der estnischen Armee. Nach den Schnellprozessen verschwanden sie spurlos. Weitere 1.500 Esten wurden in Estland standrechtlich erschossen.

Dies war aber nur die Ouvertüre gewesen. In der Nacht vom 13. auf den 14. Juni 1941 wurden in einer seit 15 Monaten geplanten Aktion 10.500 Esten aus ihren Betten geholt, auf Lastwagen verfrachtet, in schon bereit gestellte Güterzüge gepresst und nach Sibirien deportiert. 78,5 Prozent von ihnen waren Frauen, Kinder, und Männer über 49 Jahre.

In derselben Nacht verfuhr man ebenso mit Lettland und Litauen. Die Männer kamen in Gefangenenlager, in denen sehr viele umkamen. Die Frauen und Kinder brachte man in Kolchosen, Sowchosen oder in unzugängliche Waldarbeiterzentren, wo ebenfalls sehr viele verhungerten, erfroren oder an Krankheiten starben.

Und als ob dies nicht genug wäre, wurden im Juli 1941, als deutsche Truppen schon über die Südgrenze Estland einmarschiert waren, aber Tallinn noch nicht erobert hatten, etwa 60.000 Männer aus dem Landesinneren in Arbeitslager nach Nordrussland verschleppt.

Nach diesen Erfahrungen wurde die Wehrmacht, wie in allen baltischen Ländern, als Befreier gefeiert. Hilfspolizisten beteiligten sich unter dem Vorwand, die jüdische Bevölkerung hätte dem Sowjetregime zugearbeitet, an ihrer Ermordung.

Etwa 20.000 Esten traten freiwillig ins deutsche Heer ein. Wie überall im Baltikum ließ die Begeisterung für die Deutschen nach, als sich herausstellte, dass die Besatzer nicht daran dachten, den Ländern die erhoffte Selbstständigkeit wiederzurückzu geben. Als 1942/43 estnische und lettische SS-Legionen gebildet wurden und vielerorts die jungen Männer zwangsrekrutiert wurden, flohen viele Esten in die Finnische Armee. Dort bildeten sie ihr eigenes Infanterieregiment und kämpften 1944 gegen die Rote Armee.

Das okkupierte Land

Im September 1944 mussten sich die Deutschen zurückziehen. Viele Esten flohen vor der heranrückenden Roten Armee, etwa 70.000 schafften es in den Westen oder nach Schweden. Etwa 15.000 Esten gingen in die Wälder, um von dort einen jahrelangen Partisanenkrieg gegen die Sowjets zu führen. Viele tausend Esten versteckten sich auch in den Sümpfen.

Für das kleine Land, das ab 1940 etwa 280.000 Einwohner durch Exekutionen, Deportationen, Zwangsarbeit, durch Nazirepressionen, Holo-

Ausstellung im Okkupationsmuseum in Tallinn, dass die Zeit der deutschen und sowjetischen Besetzung dokumentiert.

caust, Kampfhandlungen im Krieg sowie Flucht verloren hatte und 1945 nur noch 813.000 Menschen im Land zählte, ist dieser Widerstand gegen die Besatzer beträchtlich gewesen.

Estland wurde überaus brutal sowjetisiert. 1945 wurden Zehntausende in die Arbeitslager des Ölschiefer-Tagebaus geschickt, 19.000 Esten hingerichtet und die Bauern in die Zwangskollektivierung gepresst: Im Jahr 1947 begannen in Moskau die Vorbereitungen für die „Aktion Brandungswelle“, die dann am 25. März 1949 von den „Vernichterbataillonen“, die aus bewaffneten Komsomol und Parteiaktivisten bestanden, durchgeführt wurde. An diesem Tag wurden 31.917 Menschen aus Litauen, 43.206 aus Lettland und 20.713 aus Estland nach Sibirien deportiert. Etwa 70.000 von ihnen waren Frauen und Kinder, in den Deportationslisten wurden sie als „Banditenhelfer“ aufgeführt.

Danach dauerte es nur einen Monat, bis 56 Prozent aller estnischen Bauern Kolchosebauern geworden waren. Erst etliche Jahre nach Stalins Tod durften die am Leben gebliebenen Deportierten in ihre Heimat zurückkehren. Insgesamt kostete die Okkupation bis zu Stalins Tod etwa 53.000 Esten das Leben. Die Rückkehrer kamen in ein Land, in dem die russischen „Jeesten“ die Sollpläne aus Moskau doppelt erfüllten und die estnische Kultur ausrotten wollten. Mit das Schlimmste für das leseverrückte Estland, in dem die Analphabetenrate schon in den 20er Jahren nur 0,2 Prozent betrug, in dem jedes Jahr genauso viele Bücher verlegt wurden wie im großen Deutschland und von dem es heißt, jeder Este sei ein Dichter – so wie jeder Lette ein Sänger –, war die „Säuberung“ ihrer Bibliotheken.

Bis Ende der 40er Jahre entfernten und vernichteten die „Jeesten“ acht bis zehn Millionen Bücher, darunter alle Werke aus der Zeit des

Szenen aus dem Besatzungsalltag sind im Okkupationsmuseum nachgestellt.

„Nationalen Erwachsens“, einschließlich des Epos Kalevipoeg (s. S. 29).

Auf dem Index standen auch die ersten zwei Bände des Romanzyklus „Wahrheit und Gerechtigkeit“ (1926–1933) des estnischen Lieblingsdichters Anton Hansen Tammsaare (1878–1940), weil darin die Revolution von 1905 zu individualistisch dargestellt sei. Ein verbotenes Buch konnte dem Besitzer fünf Jahre in Sibirien einbringen. Alle neuen Bücher unterlagen der Zensur. Sie wurde in den 60er Jahren durch die im Untergrund zirkulierende Samisdat-Literatur unterlaufen und erst ab Mitte der 80er Jahre gelockert.

Jaan Kross, Lennart Meri und die Unabhängigkeitsbewegung

Die literarischen Freiräume in Estland besetzten zuerst die Lyriker, am erfolgreichsten die Dramatiker. Einige dieser Autoren sind übersetzt, manche wurden erst in der DDR, später auch in der BRD verlegt. Dazu gehören Paul Eerik Rummo, Viivi Luik, Ü. Indrek, Mats Traat, Jüri Tuulik, Mati Unt, Arvo Valton, Jaan Kaplinski. Unterschätzt sind sie im Westen alle.

Nur zwei estnische Schriftsteller sind international berühmt geworden. Beide verkörpern mit ihrer Deportations- und Lagerbiografie die Geschichte ihres Landes, beide sind zu Wegbereitern der Unabhängigkeitsbewegung geworden, beide wurden auf verschiedenen Listen für den Nobelpreis nominiert: Jaan Kross und Lennart Meri.

Der bedeutendste estnische Autor des 20. Jahrhunderts ist zweifellos Jaan Kross (1920–2007); seine Bücher sind in 23 Sprachen übersetzt. Er lebte und schrieb nach dem Motto, dass in einer Welt der Lügen und Gewalt die Wahrheit die einzige Möglichkeit zu einem würdigen Leben sei. Und so schrieb er die Wahrheit, die erst ab 1986 publiziert werden konnte und auch nur, weil er sie in historische Romane verpackt hatte. Sein Opus Magnum erzählt die Lebensgeschichte des Balthasar Rüssow, der in der zweiten Hälfte des 16. Jahrhunderts trotz der „undeutschen“ Herkunft Pastor werden konnte, eine Chronik seines Landes verfasste, die allein der Wahrheit diente und deshalb den Mächtigen nicht gefallen konnte.

Wenn Kross über die Vergangenheit schrieb, über die dänischen, schwedischen, deutschen und zaristischen Herrscher, die das kleine estnische Volk über Jahrhunderte regierten, dann klang immer die sowjetische Gegenwart an, die kollektive Erfahrung von grenzenloser Repression und Willkür, aber auch der Funke Hoffnung, den es braucht, um Mensch zu bleiben.

Deshalb liebten ihn die Esten, denn er erinnerte sie an ihre Identität und er personalisierte diese gleichzeitig: Vor dem Krieg Juradozent in Tartu (Dorpat), 1944 Verhaftung durch die Deutschen, 1946 durch die Sowjets, Deportation, acht Jahre Lagerhaft und Zwangsarbeit in Sibirien, 1954 Rückkehr in die traumatisierte Heimat, dann Schriftsteller ohne Druckerlaubnis, deshalb Übersetzer für fünf Sprachen.

Seine eigenen Erfahrungen verarbeitete er in dem – beinahe surrealen – Roman „Ausgrabungen“ sowie in den ergreifenden Erzählungen „Onkel“ und „Verschwörung“. Als moralische Autorität seines Landes darum gebeten, engagierte er sich Ende der 80er Jahre in der Politik und arbeitete mit estnischen Intellektuellen der „Volksfront“ die Unabhängigkeitserklärung aus.

Mehr im politischen als im literarischen Scheinwerferlicht stand Lennart Meri (1928–2006), obwohl er vielbeachtete Reiseberichte über Sibirien und die Nordwestpassage veröffentlicht hatte. Weil er als Kind deportiert worden war, durfte er als Erwachsener nicht Lehrer werden. So

Oben: Die mehrere Hundert Kilometer lange Menschenkette von Tallinn über Riga bis Vilnius war das Signal, dass die politische Selbstbestimmung und die Erneuerung in den baltischen Staaten nicht mehr aufzuhalten waren. **Nachfolgende Doppelseite:** Mittelalterliches Buchfragment in der Großen Gilde in Tallinn.

produzierte er Hörspiele für den Rundfunk, drehte Dokumentarfilme, die niemand sehen durfte, und übersetzte Shakespeare und heimlich Solschenizyn.

Sein großes Thema war der wirtschaftliche und ökologische Konflikt zwischen Estlands Bedürfnissen und Moskaus Planwirtschaft. Als er nach 20 Jahren Reiseverbot 1978 das erste Mal in den Westen reisen durfte, machte er in Finnland die sowjetischen Pläne für den Phosporitabbau in seiner Heimat öffentlich bekannt.

Das brachte ihm ein neues Reiseverbot ein. 1986 gehörte er zu den Mitbegründern der Umweltbewegung, sowie der „Estnischen Gesellschaft für Denkmalspflege" (1987), die sich für die Bewahrung des kulturellen Erbes einsetzte, was in der Sowjetunion per se regimefern gewesen ist.

Zur Massenbewegung für die Unabhängigkeit wurden die Initiativen der sogenannten „Erneuerungsbewegung", als die Opposition im September 1988 das „Estnische Sängerfest" (s. S. 88) in Tallinn organisierte und 300.000 Menschen Freiheitslieder sangen. Seitdem spricht man von der „Singenden Revolution".

Ein Monat später wurde das Bündnis „Volksfront" gegründet, Letten und Litauer zogen später nach. Die Forderungen lauteten: Rehabilitation und Entschädigung für die Opfer der stalinistischen Deportationen, freie Wahlen, Errichtung einer souveränen estnischen Regierung. Als im August 1989 über eine Million Esten, Letten und Litauer den „Baltischen Weg" beschritten, indem sie eine 622 Kilometer lange Menschenkette durch ihre drei Heimatländer bildeten, war die „Erneuerung" nicht mehr aufzuhalten.

Ende März 1990 verabschiedete der neu gewählte Oberste Sowjet Estlands eine Resolution, in der die – durch die Okkupation nur unterbrochene – Unabhängigkeit bekräftigt wurde. In einem Referendum stimmte die Bevölkerung mit 77,8 Prozent dafür, darunter auch etwa 30 Prozent der russischsprachigen Bevölkerung.

Nach dem misslungenen Putsch in Moskau erkannte Boris Jelzin im August 1991 Estlands Souveränität an und am 6. September 1991 wurde das Land ganz offiziell von Gorbatschow aus der Union entlassen.

Gleich darauf begann die Arbeit an einer neuen Verfassung, die 1992 in einem Referendum bestätigt wurde. Zum ersten Außenminister der erneuerten parlamentarischen Republik wurde Lennart Meri ernannt. Danach vertrat er sein Land acht Jahre als Staatspräsident. Premierminister war der Historiker Mart Laar, damals gerade 32 Jahre alt.

Der junge Mann trug die Lehre der Marktwirtschaft in sein Land und machte es fit für die EU, der alte Mann repräsentierte mit seiner Bildung, seinen acht Sprachen und seiner Biographie in der ganzen Welt, dass Estland immer schon Teil des alten Europas gewesen ist.

Die Bevölkerung und die ethnisch getrennten Siedlungsgebiete

In Estland leben 1.347.500 Menschen (2006). Von ihnen sind 68,6 Prozent ethnische Esten, 25,7 Prozent Russen, 2,1 Prozent Ukrainer, 1,2 Prozent Weißrussen und 0,9 Prozent Finnen. Die jüdische Gemeinde ist mit 0,1 Prozent nur eine winzige Minderheit.

Im Vergleich zu anderen EU-Ländern ist Estland ein junger Staat. Das Durchschnittsalter beträgt 39,4, in Deutschland 42,6 Jahre. Jung ist vor allem die Elite der estnischen Gesellschaft, die Banker, Wirtschaftsbosse, Professoren und Politiker. Während in Lettland noch immer die alte sowjetische Funktionselite viele Fäden zieht, hat diese in Estland nichts mehr zu sagen.

Ein großes Problem ist die niedrige Geburtenrate, an der die hohe Zahl der Abtreibungen ihren Anteil hat. Zwar sind sie von 42.309 im Jahr 1972 auf 12.625 im Jahr 2005 gesunken, liegen aber immer noch knapp über der Zahl der Geburten.

Während der Bevölkerungsschwund in der Sowjetzeit politisch gewollt war, ist heute die Furcht vor dem Aussterben ein Top-Thema. Seit Januar 2004 zahlt der Staat allen Frauen nach der Geburt eines Kindes bis zu 1.150 Euro, weit mehr als ein estnisches Durchschnittsgehalt. Daraufhin stieg bis 2007 die Geburtenrate von 1,30 auf 1,41 Kinder pro Frau an, blieb aber immer noch unter der Zahl der Sterbefälle.

Estnische Soziologen meinen, dass die extreme Liberalisierung der Wirtschaft zu einer Krise der Institution Familie geführt habe. 58 Prozent aller Kinder wurden 2007 außerehelich geboren. Was die Zahl der Scheidungen angeht, liegt Estland ebenfalls europaweit auf einem der vorderen Plätze. Dabei spielt mit Sicherheit auch die starke Säkularisierung der Gesellschaft eine Rolle. Bei der Volkszählung 1935 gaben 92 Prozent der Bevölkerung an, evangelisch zu sein. 2004 waren es nur noch 13,4 Prozent, hinzu kamen 12,6 Prozent Orthodoxe, die übrigen nannten keine Religionszugehörigkeit.

Die ethnischen Siedlungsgebiete sind klar voneinander getrennt. In 12 der insgesamt 15 Bezirke leben weniger als vier Prozent Russen. Sie konzentrieren sich mit einem Bevölkerungsanteil von 36,7 Prozent, was 145.164 Personen entspricht, im Großraum Tallinn, mit 32,6 Prozent im nord-

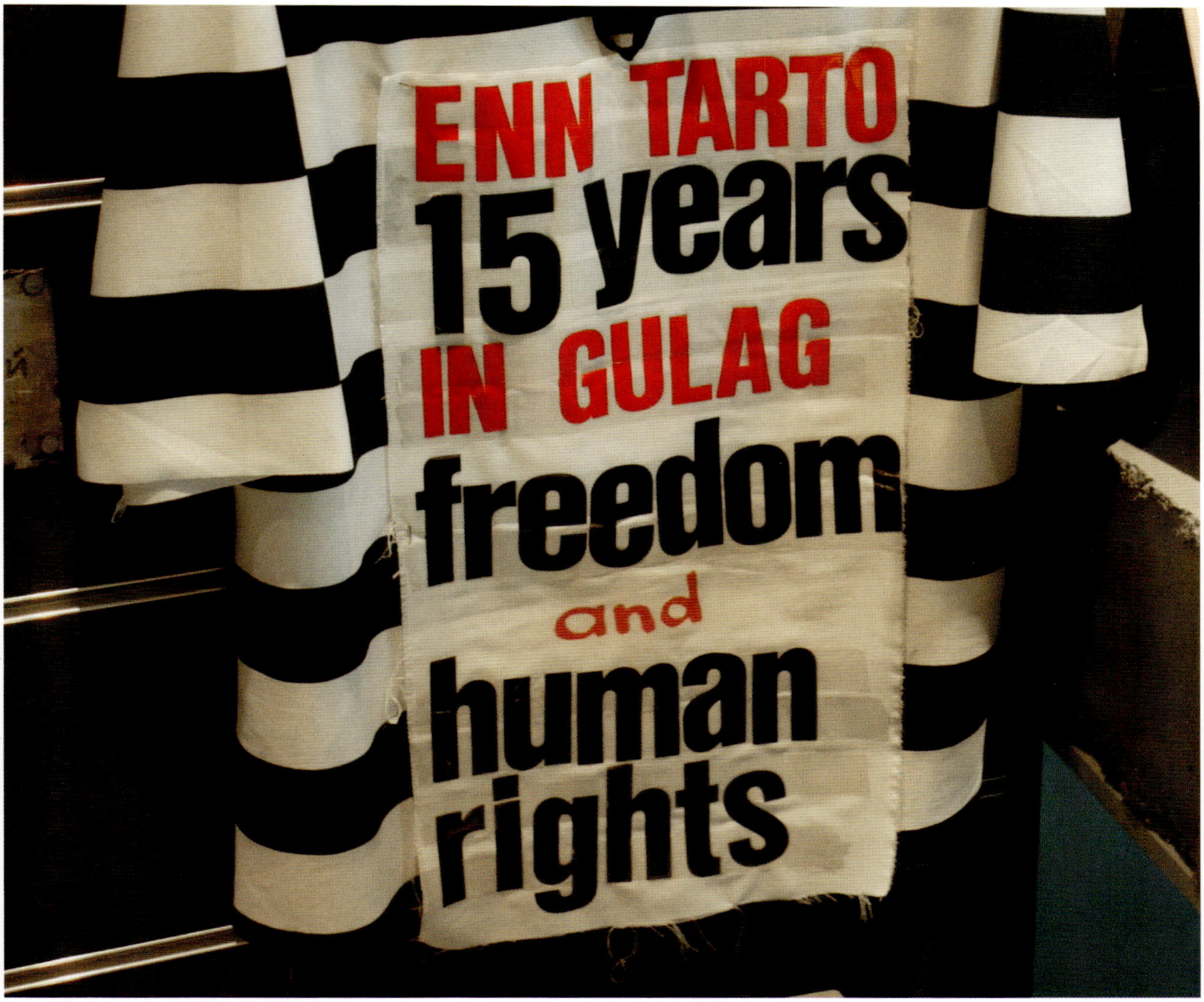

Oben: Häftlingsbekleidung eines im sibirischen Gulag Inhaftierten in der Ausstellung des Okkupationsmuseums. **Vorhergehende Doppelseite rechts:** Skulptur in Tartu, die den Zeitungsverleger und unerschrockenen Politiker Jaan Tõnisson darstellt.

westlich gelegenen, früher militärisch dominierten Kreis Harju sowie im nordöstlichen Bezirk Ida-Virumaa mit 70,8 Prozent – in absoluten Zahlen 129.988 Personen.

Hier liegt das Zentrum der Ölschieferindustrie, Estlands wichtigster Energiequelle seit 1924 und heute sein größtes Umweltproblem (s. S. 52). In der Nazizeit, als die Anlagen von der „Baltisch-Öl GmbH" kontrolliert wurden, schufteten hier nur sowjetische Kriegsgefangene und jüdische KZ-Häftlinge aus dem KZ Vaivara.

Nach ihrer Befreiung wurden sie von den Sowjets durch deutsche Kriegsgefangene und estnische Zwangsarbeiter ersetzt. Nach Auflösung der Lager 1956 warb die estnische Sowjetregierung mit dem Versprechen komfortabler Wohnungen 200.000 Arbeiter aus den anderen Unionsrepubliken für die Drecksarbeit an. In den heute mit Plattenbauten zugestellten Industriestädten Kohtla-Järve, Sillamäe, Jõhvi und Narwa stellen die Esten mit durchschnittlich 6 Prozent nur einen verschwindend geringen Anteil an der Bevölkerung.

Die Menschen fühlten sich stark mit Russland verbunden, erst recht, nachdem die Ölschieferindustrie durch die Loslösung von Russland für einige Jahre am Boden lag. 1990 stimmten bei einem Referendum für die Unabhängigkeit 80 Prozent für einen Verbleib in der Russischen Föderation. Bei dem Referendum zum EU-Beitritt 2003 votierten 68 Prozent dagegen.

Zu der russischen Bevölkerungsgruppe gehören auch etwa 5.000 „Alt-Orthodoxe". Ihre Vorfahren flüchteten im 17. Jahrhundert vor den zaristischen Verfolgungen an den Peipussee, wo sie heute in vielen Dörfern leben. Wie früher beten sie nach der alten Liturgie und schlagen das Kreuz mit zwei geraden Fingern und drei gekrümmten.

Bürger und Nichtbürger

Von Estlands Bewohnern besitzen 83,7 Prozent die nationale Staatsangehörigkeit. 7,8 Prozent sind „Bürger anderer Staaten", meistens von Russland. 8,5 Prozent sind Staatenlose, auch sie sind meistens ethnischen Russen, wie eine Studie aus dem Jahr 2007 ergab. Im Vergleich zu Lettland, in dem viel mehr Russen ohne lettische Staatsbürgerschaft leben, gilt Estlands Einbürgerungspolitik als „einigermaßen"erfolgreich.

Zwar gilt, wie im Nachbarland, das Abstammungsprinzip, wonach automatisch alle Bürger der ersten Republik und ihre Nachfahren die Staatsbürgerschaft besitzen und alle anderen sie erwerben müssen, aber in Estland bemühte man

Das Stenbock-Haus, Sitz des estnischen Ministerpräsidenten.

sich sofort nach der Unabhängigkeit mit Sprachkursen und anderen Integrationsmaßnahmen um die Einbürgerung.

Insgesamt besaßen 2006 40,4 Prozent der ethnischen Russen die estnische Staatsangehörigkeit, 20,9 Prozent hatten für das „russländische Bürgerrecht" optiert. Besitzer dieses „Russländerpasses" haben außer der Möglichkeit, an Parlamentswahlen teilzunehmen, alle Rechte wie die estnischen Staatsbürger; auch an den Kommunalwahlen können sie sich beteiligen.

Seit dem EU-Beitritt steigen die Einbürgerungszahlen wieder an, denn die jungen, gut ausgebildeten Russen drängt es stark nach Westeuropa. Anspruch auf die estnische Staatsbürgerschaft haben alle Personen, die die letzten fünf Jahre in Estland gelebt haben, ein Basiswissen über die Verfassung besitzen, ein regelmäßiges Einkommen nachweisen können, sich loyal gegenüber dem Staat zeigen, einen Eid auf die Republik ablegen und sich in Estnisch verständigen können.

Der Denkmalstreit von Tallinn

Estlands Integrationsbemühungen wurden im April 2007 ihrer bisher größten Belastungsprobe unterworfen. Nachdem das Stadtparlament von Tallinn das sowjetische Kriegerdenkmal aus dem Jahr 1947 vom Fuß des Dombergs entfernen ließ, um es auf einen Friedhof in der Vorstadt neu aufstellen zu lassen, kam es zu tagelangen, gewalttä-

Die „schöne" Seite von Narwa. Eigentlich ist die Stadt aber eine mit Plattenbauten zugestellte Industriestadt.

tigen Massendemonstrationen. Ein Demonstrant wurde in der Menge erstochen, 44 Menschen verletzt, 300 Personen festgenommen, unzählige Geschäfte geplündert und Autos abgebrannt.

In Nordost-Estland kam es ebenfalls zu Ausschreitungen und in Moskau beschimpfte Präsident Putin die Esten als „provinzielle Neonazis". Vor allem im Ausland interpretierte man die Krawalle als einen Aufstand der sozial deklassierten russischen Minderheit.

Dann stellte sich allerdings heraus, dass sie von der auch unter dem Begriff „Putin-Jugend" bekannten „Naši-Bewegung", inszeniert und organisiert worden waren. „Die Unsrigen" – so die Bedeutung des Namens – verfügten auch über Ableger in Tallins Satellitenstädten, die in Absprache mit den „Hauptquartieren" in Moskau agierten.

Der nicht zu harmonisierende Kern der Auseinandersetzung wird erhalten bleiben, egal an welcher Stelle das Denkmal nun steht. Für die Esten symbolisierte der auf einem Sockel stehende bronzene Soldat, dessen Blick ausgerechnet auf die 1947 geplünderte Nationalbibliothek (s. S. 37) gerichtet war, die sowjetische Okkupation, für die Russen hingegen den Sieg über den Faschismus.

Dieser Grundkonflikt kann jederzeit wieder aufbrechen. Im Unterschied zu Lettland stehen in

Rekruten der jungen estnischen Armee.

Estland noch viele Denkmäler aus der Sowjetzeit an prominenten Stellen.

Wirtschaft

2007 belegte Estland im Ranking der wettbewerbsfähigsten Länder des Weltwirtschaftsforums den 27. Platz, weit vor Litauen und Lettland, die auf Rang 38 und 45 landeten. Im Dezember 2007 wurde Estlands Premierminister Andrus Ansip von der „Financial Times“ zum Europäer des Jahres gewählt, weil seine Wirtschafts- und Finanzpolitik dazu beigetragen habe, ein günstiges Klima für Investoren zu schaffen. Und im Februar 2008 bescheinigte Europas größtes privates „Think-Tank“-Institut, dem Land, es nehme von insgesamt 125 untersuchten „Transformationsländern“ nach Chile den Spitzenplatz bei der Verwirklichung von rechtsstaatlicher Demokratie und sozialer Marktwirtschaft ein.

Die Märkte sind stark liberalisiert, der Staatssektor ist mit 12 Prozent am Bruttoinlandsprodukt (BIP) vergleichsweise klein. Nach der Unabhängigkeit schrumpfte die mit den russischen Unionsrepubliken verwobene Wirtschaft dramatisch, erholte sich aber durch bedeutende – mit niedrigen Steuersätzen angelockte – ausländische Investitionen, vor allem im Telekommunikationsbereich, sowie dank einer steigenden Binnen-

Nachfolgende Seite: Die „Umsiedlung“ des sowjetischen Kriegerdenkmals vertiefte die Kluft zu Moskau.
Unten: Dank einer raschen Liberalisierung entwickelte sich die estnische Wirtschaft besser als die der baltischen Nachbarn.

Oben: Nach der Unabhängigkeit schrumpfte die estnische Wirtschaft zunächst beträchtlich. Vorhergehende Seite: Ein weiteres russisches Denkman in Tallinn – dieses ehrt die Besatzung des 1893 in der Bucht vor Tallinn gesunkenen Kriegsschiffes Russalka.

nachfrage relativ schnell. 80 Prozent aller Direktinvestitionen stammen aus Schweden und Finnland; Deutschland belegt hier den fünften Platz.

Seit dem Beitritt zur EU im Jahr 2004 steigt das Wirtschaftswachstum im Durchschnitt jährlich um 10 Prozent. Hauptanteil daran hat der Dienstleistungsbereich einschließlich des Handels mit 76,9 Prozent der Bruttowertschöpfung sowie die Entwicklung des Finanzsektors. Das große Schreckgespenst ist die Inflation, auch wenn sie mit 9,1 Prozent im Januar 2008 bei weitem nicht so dramatisch ist wie in Lettland (s. S. 134).

Weil aber Estland die Maastrichter Inflationskriterien nicht einhalten kann, ist jetzt die Einführung des Euro erst für das Jahr 2011 wahrscheinlich. Die Energiepreise, die mit 0,08 Euro pro kWh die niedrigsten der EU sind, sollen 2008 um 23 Prozent steigen, die Durchschnittslöhne um weitere 7,3 Prozent, nachdem sie schon 2007 um 13,5 Prozent erhöht wurden.

Im Dezember 2007 betrugen die Gehälter im Großraum Tallinn durchschnittlich 778 Euro, im industrialisierten Nordosten aber nur 391 Euro. Die Lohnunterschiede zwischen dem Dienstleistungs- und dem Produktionssektor einerseits und Hauptstadt und Provinz andererseits werden von westlichen Journalisten gerne als Beweis dafür angeführt, dass die russische Minderheit in Estland wirtschaftlich und sozial diskriminiert werde.

Die Lebensmittelpreise betragen 75 Prozent des EU-Durchschnitts, die allgemeine Kaufkraft 69 Prozent. Die Arbeitslosigkeit wurde 2006 von der Regierung mit 2,5 Prozent angegeben, die

Die Wirtschaft erholte sich schnell, weil man günstige Bedingungen für europäische Investoren schaffte. Estland Wirtschaft wurde zu einer der am schnellsten wachsenden in ganz Europa.

EU-Behörden schätzen sie aber auf 7,1 Prozent. Die meisten Arbeitslosen wollen sich wegen der geringen staatlichen Unterstützung in Höhe von 131 Euro nicht registrieren lassen, sondern arbeiten lieber schwarz. Wegen des Mangels an Bauarbeitern hat sich der Immobilienboom 2007 wieder etwas abgeschwächt. Beträchtlich investiert wird aber in Hotelbauten der oberen Kategorie sowie in luxuriöse „Spa-Wellness-Center".

Estland unternimmt seit 2007 erhebliche Anstrengungen, um den Tourismussektor qualitativ umzustrukturieren. Die vielen Eintagsbesucher, die mit den Schnellfähren in 90 Minuten aus Helsinki und Stockholm über die Ostsee düsen, um sich in Tallinn billig zu betrinken, drohten Estland zum „Ballermann" des Nordens zu machen.

Auch die Billigflieger, vor allem aus England, trugen zu Tallinns Ruf bei, die heißeste „Weekend-Partytown" Europas zu sein. Mit deutlich steigenden Preisen, anspruchsvollen Kulturprogrammen außerhalb der Hauptstadt, sowie Natur- und Wellness-Angeboten in der Provinz versucht man international ein neues Publikum zu finden.

Erheblich investiert wird in den Ausbau des Straßennetzes, vor allem entlang der Fernverbindung „Via Baltica" zur Grenze nach Lettland sowie von Tallinn nach Tartu (Dorpat) und Narwa. Im gesamten Inland übernehmen Überland-Busse den Hauptanteil des Fernverkehrs. Das Eisenbahnnetz mit russischer Spurweite ist stark sanierungsbedürftig, wegen der miserablen Infrastruktur ist der Personenverkehr auf der Schiene fast völlig zum Erliegen gekommen.

Der Zugverkehr zwischen Tallinn und St. Petersburg sowie nach Riga ist seit 2004 sogar völlig eingestellt. Seit dem Jahr 2000 gibt es heftige Diskussionen über die Pläne der Regierung, große Teile des Eisenbahnnetzes im Süden an einen amerikanischen Investor zu verkaufen.

Vom bedeutenden Ostee-Fährhafen in Tallinn gibt es neben Direktverbindungen nach Skandinavien auch Fähren nach Deutschland, in die baltischen Nachbarrepubliken und im Sommer auch nach St. Petersburg. Der internationale Flughafen liegt 4 Kilometer außerhalb der Stadt.

Umweltschäden

Von allen drei baltischen Republiken ist Estland mit den größten Umwelt-Hypotheken belastet. Die Sowjetzeit hinterließ katastrophale Umweltzerstörungen, die das kleine Land alleine nicht schultern kann. 40 Kilometer westlich von Tallinn, rund um die früher wie ein Hochsicherheitstrakt abgesperrte, heute surreal vor sich hinrottende Hafenstadt Paldiski im Kreis Harju in Nordwest-Estland, sind die Strände radioaktiv verseucht.

Hier stand bis 1989 ein Trainingszentrum für die Besatzung von Atom-U-Booten sowie zwei 90-MW-Reaktoren. Die Brennelemente wurden bis 1994 abtransportiert, die Reaktoren jeweils in einen Sarkophag eingeschlossen. Um die Beseitigung der ökologischen Schäden kümmert sich, nach einer Initiative von Schweden, ein internationales Expertenteam.

Ein ökologischer Alptraum ist auch die gesamte Region um die Ölschieferkraftwerke zwischen

Estland hat ein riesiges Umweltschutzproblem.

Kohtla-Järve und Jöhvi in Nordost-Estland, die 90 Prozent der in Estland produzierten Energie liefern. 60 Prozent des verbrannten Ölschiefers bleiben als Aschehalden zurück. Dazu kommt noch die Luftverpestung durch Schadstoffe und Staub, die Grundwasserverschmutzung, die phenolbelasteten Flüsse, die ungefiltert in den Finnischen Meerbusen geleitet werden, und die Verwüstung der Landschaft durch den ins Gigantische ausgedehnten Öltagebau.

Die EU gibt Estland bis zum Jahr 2012 Zeit, den Ölschiefersektor zu modernisieren und den Schadstoffausstoß auf europäischen Standard zu bringen. Die tieferen Gewässerschichten im Finnischen Meerbusen sind bereits tot. Die internationale Meeresschutzorganisation der UN hat 2004 die nördliche Ostsee unter die fünf meist gefährdeten Gewässer des Planeten eingestuft.

Der Abbau von Phosphorit und Uran in Nordost-Estland wurde 1989 wegen der ökologischen Folgeschäden schon eingestellt.

Im Frühjahr 2007 gründete sich in Estland die Grüne Partei, die bei den Parlamentswahlen im darauffolgenden Herbst auf Anhieb die 5-Prozent-Hürde nahm und mit sechs Abgeordneten im Parlament vertreten ist.

Der Datentiger

Die digitale Revolution, die Estland im Jahr 2000 mit einem „E-Gesetz“ institutionalisiert hat, ist atemberaubend. Als einziges Land der Welt garantiert der Staat jedem Bürger einen kostenlosen Internetzugang, der in allen bewohnten Gegenden in zehn Minuten Fußweg erreichbar sein

Auch wenn die estnische Küste noch so malerisch aussieht, die Meeresschutzorganisation der UN hat die nördliche Ostsee als extrem gefährdet eingestuft.

Oben: Reges Leben herrscht in den Cafès Tallinns. **Rechte Seite:** Das @-Zeichen findet man überall in den Straßen der Hauptstadt, es weist den Weg zum nächsten öffentlichen Internetanschluss.

muss. Das @-Zeichen zeigt den Weg, es findet sich auf allen Straßenschildern, an Dorfläden und neuerdings an den „Hot-Spot-Säulen". Seit 2007 ist es sogar möglich, auf 80 Prozent des estnischen Territoriums drahtlos im Internet zu surfen. Eine schwedische Firma erhöhte mit estnischem Know-How die Reichweite der Wireless-Technologie von 300 Meter auf 15 Kilometer, wie es dem WiMax-Standard entspricht.

Ohne Internet geht in Estland gar nichts mehr. Die Regierung praktiziert seit dem Jahr 2000 das „E-Government", alle Amtsgeschäfte werden komplett online erledigt. Die Minister legen ihre Gesetzesvorschläge ihren Regierungskollegen nur noch in elektronischer Form vor. Ein Mausklick genügt, und das Dokument ist in Kraft, versehen mit einer digitalen Unterschrift. Nur zwei Minuten später können es die Bürger im Netz nachlesen.

Der Erfolg beflügelte die Internetstrategen vom Tallinner IT-College. Als erstes Land der Welt führte Estland eine Abstimmung per Internet durch. Der Anteil der „E-Voters" bei der Kommunalwahl 2005 war mit 7 Prozent noch relativ gering, bei der Parlamentswahl im Frühjahr 2007 waren es schon 25 Prozent. Bei der nächsten Wahl 2010 rechnet man mit 70 Prozent – wahrscheinlich zu Recht. 98 Prozent aller Banktransaktionen werden online getätigt.

Alle Schulen sind vernetzt, jeder Schüler kann seine Stundenpläne und seine Noten elektro-

@
INTERNET
ARVUTISAAL
10⁰⁰-20⁰⁰

Im Hafen von Tallinn legen Fährschiffe aus etlichen Ländern Europas an.

nisch abrufen. In 92 Prozent aller Firmenbüros sind die Papierberge abgeschafft. 65 Prozent aller Haushalte haben einen privaten Internetanschluss, über den sie mit der Software Skype telefonieren können, und 94 Prozent aller Bürger besaßen schon 2004 ein Mobiltelefon.

Aber die eigentliche digitale Revolution des estnischen Alltags sind die neuen Identitätsausweise im Kreditkartenformat. Diese „ID-Card" ist mit einem Chip ausgestattet, der neben den Personaldaten auch zwei digitale Zertifikate enthält; eines für die Identifikation, eines für die digitale Unterschrift. Gepaart mit einem Pin-Code öffnet sie die Tür in die virtuelle Welt. Man kann mit ihr wählen gehen, sich ins E-Banking einloggen, in Tallinn Bus und Straßenbahn bezahlen, und selbstverständlich ersetzt sie auch den Führerschein. Ohne PIN-Nummer ist sie nicht zu entschlüsseln, sie gilt als datensicher und unkopierbar.

Die Internetbegeisterung macht das Land aber auch verwundbar für Cyberspace-Attacken. Aus Wut über den Abbau des Soldatendenkmals in Tallinn (s.o.) legten im Mai 2007 russischstämmige Esten durch Millionen von gleichzeitig abgeschickten automatisierten Anfragen das gesamte öffentliche Netz lahm.

Die estnischen Informatiker, die das Problem innerhalb von Tagen lösten und gegen neue Angriffe eine elektronische Schutzwälle bauten, arbeiten inzwischen als Sicherheitsberater bei der NATO.

Vom alten Reval ins neue Tallinn

Der estnischen Hauptstadt Tallinn, von den Deutschen früher immer nur Reval genannt, sollte man sich über das Meer nähern, so wie es die Kaufleute über Jahrhunderte taten und wie es

Oben: Eestni Design und Architektur; die moderne Ausbildungsstätte ist ein Ableger der Universität in Tartu.
Nachfolgende Seite: Bild einer modernen Stadt – Straßenverkehr spiegelt sich in den Glasfassaden eines Bankgebäudes.

heute die finnischen Touristen aus dem nur 80 Kilometer entfernten Helsinki tun.

Nur so ist zu sehen, wie geschickt die Stadt auf einer weit in den Finnischen Meerbusen hinausragenden Halbinsel angelegt ist. Eindrucksvoll zeichnet sich die Silhouette der alten Stadt am Horizont ab. Hoch ragen die schmalen Kirchtürme in den Himmel, es erheben sich mächtige Türme und die uneinnehmbar scheinende Burg auf dem 48 Meter steil über dem Küstenstreifen liegenden grauen Domberg (Toompea loss) aus Kalkstein. Der Legende nach ist er ein Grabhügel, den die Mutter des estnischen Riesen Kalevipoeg (s. S. 29) für ihren verstorbenen Gatten zusammengetragen hat.

Als 1219 der Dänenkönig Waldemar II. an der Nordküste bei Lyndanise landete, wo er die sich bitter verteidigenden Esten unterwarf, befanden sich auf dem Domberg schon eine hölzerne Burg, eine Handelsniederlassung und ein Markt. Er ließ eine neue steinerne Burg errichten, eine Festung, die aber schon 1227 in die Hände des Schwertbrüderordens gelangte.

Gleich südlich des Hafens liegt die wunderschöne Altstadt (Vanalinn), die von der UNESCO in die Liste des Weltkulturerbes aufgenommen worden ist. Im gesamten Ostseeraum gibt es keine andere so unversehrte und so vollständig erhaltene Stadtanlage aus der Hansezeit mehr.

Auch deshalb wird Tallinn 2011 die Kulturhauptstadt Europas sein. Gäbe es nicht die vielen Touristen, die dicht aneinandergereihten Cafés und Souvenirgeschäfte und wären die Gebäude nach der Wiedererlangung der Unabhängigkeit nicht in so strahlend leuchtenden Farben restauriert, sondern in ihrem grauen Kalkstein belassen worden, könnte man glauben, im Mittelalter spazieren zu gehen.

APTEEK
APTEEK

Alles steht noch da – der Dom, die Adelssitze, die Geschütztürme, die 2,7 Kilometer lange Stadtmauer, die Stadttore, die Kirchen, die krummen schmalen Gassen mit den eng zusammenstehenden Spitzgiebelhäusern der Kaufleute, das Kopfsteinpflaster und die Zunft- und Gildehäuser aus dem 13. bis 15. Jahrhundert.

In Reval sind die über Jahrhunderte bestehenden Herrschaftsverhältnisse so augenfällig wie nirgends sonst in einem europäischen Stadtbild nachzuvollziehen. Denn die Altstadt besteht aus einer hoch auf dem Domberg liegenden Oberstadt und einer östlich daran anschließenden, deutlich tiefer liegenden Unterstadt – zwei unversöhnliche Teile, deren gemeinsame Geschichte voller Konflikte ist.

Vom 13. bis Ende des 19. Jahrhunderts herrschten in der Stadt zwei unterschiedliche Rechtssysteme: oben das Adelsrecht, unten das Lübecker Stadtrecht.

Die Oberstadt

Oben auf dem Domberg befand sich die Stadt der adligen deutschen Oberschicht mit ihren Adelssitzen und Ritterschaftshäusern. Auch die protestantische Geistlichkeit war vertreten, wovon die ab 1233 erbaute und ab 1525 protestantische Domkirche zeugt. Auch die jeweiligen Landesherren residierten hier.

Diese waren erst Dänen, dann Ritter des Schwertbrüderordens, dann wieder Dänen, die Reval und Livland auf Geheiß des Papstes 1346 an den Deutschen Orden verkauften. 1561 eroberten die Schweden das Ordensland. Nach dem Nordischen Krieg, den Zar Peter I. gewann, bildeten Estland und Livland ab 1710 zwei der drei russischen Ostseeprovinzen. Kurland kam 1795 dazu (s. Lettland S. 195).

Auch diese Ära hinterließ ihre Herrschaftsarchitektur. Das prächtige Barockschloss auf dem Domberg ließ Katharina die Große auf den Überresten der alten dänischen Festung bauen. Heute ist es Sitz des Parlaments. Die orthodoxe Alexander-Newski-Kathedrale gegenüber, die mit ihren Kuppeln und Zwiebeltürmen deutlich an die Basiliuskathedrale in Moskau erinnern soll, wurde 1894 errichtet.

Der Bau fällt genau in jene Ära, in der der Zar die Dominanz des deutschen Adels durch die Russifizierung zügeln wollte. Vom 13. Jahrhundert bis auf den heutigen Tag sind die Ober- und die Unterstadt durch zwei Tore getrennt. Bis 1889 wurden der Langbein-Torturm (Pikk jalg) und der Kurzbeinturm (Lühike jalg) sogar nachts verschlossen.

Wollte jemand aus der Oberstadt nach unten oder umgekehrt, musste er um den Schlüssel zu einem der zwei Tore bitten. Nach einem komplizierten Procedere wurde das Schlüsselrecht Jahr für Jahr neu im Rat ausgehandelt.

Die Unterstadt

In der Unterstadt lebten die wohlhabenden deutschen Kaufmannsfamilien und die deutschen Bürger und Handwerker. Die ersten 200 Kaufleute hatten die Schwertbrüder schon 1230 aus Westfalen und Lübeck holen lassen und ihnen ihren Ansiedlungsplatz – unter ihnen – zuweisen lassen.

Schon 1284 war Reval der Hanse beigetreten. Ein Jahrhundert später verlieh der Deutsche Orden

Vorhergehende Seite: Die Pikk-Straße und eines der Tore am Großen Domberg im historischen Teil Tallinns.
Rechte Seite: Bummel durch die historische Katharinengasse.

den Städten Reval, Riga und Pernau das „Stapelrecht", ein einzigartiges Privileg. Ab 1346 hatten alle mit Russland Handel treibenden Kaufleute eine der drei Städte anzulaufen, ihre Waren abzuladen und für drei bis acht Tage auf dem Markt anzubieten.

Am erzwungenen Zwischenhandel und den Stapelgebühren verdienten die Kaufleute gut und dank ihrer Tribute verdiente auch die Oberstadt. Als mehrere exklusive Handelsrechte für die Revaler Kaufleute den bis dahin offenen Freihandel in der Stadt beendeten, wurde Reval zur wichtigsten und reichsten Hansestadt im Osten.

Alle Wege nach Nowgorod und Pskow (Pleskau) und weit darüber hinaus bis nach Arabien und wieder zurück führten über Reval. Alleine der Kaufmann Veckinhusen, dessen Haus am Rathausplatz (Raekoja plats) noch steht, erhandelte in den zwölf Jahren von 1403 bis 1415 über 300.000 Felle aus Russland und schickte sie weiter nach Deutschland, Flandern und England. Aus ganz Europa zog es die Kaufleute in die Stadt, aber nur wenige erhielten das Recht, auf eigene Faust handeln zu dürfen.

Eifersüchtig wachten die Gilden über ihre Rechte; wer Handel treiben wollte, musste in ihren erlesenen Kreis aufgenommen werden. Die mächtigste war die Große Gilde (Suurgildi) auf der Langen Straße (Pikk tänav 17). Sie stand nur dem Patriziat, den ehrbarsten und selbstständig Handel treibenden Kaufleuten und Reedern offen.

Das besonders schöne, ab 1401 erbaute Gebäude beherbergt in seinen Gewölbehallen heute das

Vorhergegende Seite: Panoramablick über das neue Tallinn.
Unten: Das mittelalterliche Tallin.

Museum für Estnische Geschichte. Während die im 13. Jahrhundert gegründete Olai-Gilde (Olevi-Gild, am Pikk 26) auch dänische und schwedische Händler in ihren Reihen aufnahm, stand die berühmteste Gilde der „Bruderschaft für die Schwarzhäupter“ (Mustpeade vennaskond am Pikk 24) alleine den jungen, unverheirateten Kaufleuten offen.

Ihr Namensgeber und Schutzpatron war der Heilige Mauritius. Das 1597 geschaffene Abbild des legendären afrikanischen Kriegers, der als Kommandant einer römischen Legion Christ wurde und dafür den Märtyrertod fand, findet sich zwischen den beiden Löwen auf der Außenfassade des Zunfthauses.

Das Versprechen der Schwarzhäupter, im Verteidigungsfall für die Stadt zu kämpfen und das eigene Leben hinzugeben, bekundet auch die steinerne Plastik des Turnierreiters in seiner Rüstung.

Im Jahr 1481 bestellten die jungen Kaufleute beim berühmten Lübecker Meister Bernd Notke ein Altarbild für die gotische Heilig-Geist-Kirche (Pühavainu kirik), auf dem sie sich auch gleich selbst abbilden ließen. Dort predigte Pastor Johannes Knöll, der 1535 das erste in estnischer Sprache verfasste Buch, einen Katechismus, publizierte.

Das 14. und 15. Jahrhundert war die beste Zeit der Stadt, sie strotzte vor Selbstbewusstsein und zeigte es auch. Der große Saal des Rathauses (Raekoja, 1371 bis 1404), in dessen großem Saal früher wertvolles Handelsgut aufbewahrt wurde, ist mit den hansischen Farben ausgemalt.

Vom Reichtum Tallinns zur Zeit der Hanse zeugt nicht nur die Oberstadt sondern auch die Fassaden der Häuser in der Unterstadt.

Gelb-blau steht für die Hanse, rot-grün für den Reichtum.

Direkt an die Rüütli tänav steht die Nikolai-Kirche (Niguliste kirik), deren massiger weißer Turm das Profil der Stadt entscheidend prägt. Sie geht auf eine Stiftung der gotländischen Kaufleute Anfang des 13. Jahrhunderts zurück, war immer die Kirche der deutschen Gemeinde und nach 1520 dem protestantischen Glauben verpflichtet. Ihre heutige spätgotische Form erhielt sie im 15. Jahrhundert.

Diese wuchtige Kirche, die sich früher außerhalb der Stadtmauern befand und deshalb massiv wie eine Festung und sogar mit Schießscharten gebaut wurde, erfüllte für die Kaufleute mehrere Zwecke. Sie war Lagerhalle, Fluchtburg und natürlich Raum der Andacht. 1944 wurde sie von sowjetischen Bomben getroffen, wobei wertvolle Kunstschätze verbrannten. Wieder aufgebaut brannte sie in den 80er Jahren erneut aus. In den letzten Jahren ist die Kirche – wie fast alle mittelalterlichen Bauwerke Revals – denkmalgerecht restauriert worden.

Zu sehen ist dort der „Revaler Totentanz“, der älteste in Text und Bild erhaltene deutschsprachige Totentanz überhaupt. Die Patrizier der Großen Gilde bestellten ihn um 1500 in Lübeck eigens für die Nikolai-Kirche. Keiner kann sich vom Tod fernhalten, ob Arm, Reich, Groß oder Klein, lautet eine Zeile, aber hinter der christlichen Demut verbarg sich dennoch ihr großbürgerliches Misstrauen gegen den Adel und Klerus.

Während im Zyklus der Fleiß der Zünfte hervorgehoben wird, sieht man die oberen Stände, wie sie sich eitel an ihrer Macht festhalten. Bestimmt hat sich der deutschbaltische Schriftsteller Werner Bergengruen von diesem Totentanz inspirieren lassen, als er seinen Reigen, den Erzählband „Tod in Reval“ schrieb. Die erste Geschichte berichtet vom Herzog von Croy, der in seinem Leben so viel Branntwein getrunken hat, dass sein Körper 200 Jahre in der Nikolai-Kirche aufgebahrt lag, ohne zu verwesen.

Als die Hanse Ende des 15. Jahrhunderts erste Risse zeigte und die Handelsbeziehungen mit den neuen Kolonien in Übersee bald wichtiger wurden als der Handel mit Russland, neigte sich Revals große Zeit dem Ende zu. Während der schwedischen Herrschaft ab 1561 wurden die Vorrechte der Deutschen nach und nach reduziert, dazu bedrängte Russland immer stärker das reiche Reval und Livland.

Nach dem Großen Nordischen Krieg, der Schwedens Herrschaft über den Ostseeraum beendete, sowie der Großen Pest, die ein Drittel der Bevölkerung dahinraffte, unterwarf sich 1721 die Stadt Zar Peter dem Großen. Im Gegenzug setzte dieser die alten Ratsgeschlechter wieder in ihre alten Rechte ein und restaurierte die Macht des Adels. Besiegt, aber doch mit allen Privilegien ausgestattet, war es der letzte große Erfolg für die Handelsherren und ihre prächtige Stadt.

Die Ober- und die Unterstadt trennte vieles, aber es gab auch Gemeinsamkeiten. Beide Stadtteile zusammen waren von meterdicken Befestigungsanlagen mit ehernen Wehrtürmen umschlossen und trotzten gemeinschaftlich den vielen Belagerungen und Angriffen von außen.

Der berühmteste der 35 (von vormals 53) noch erhaltenen Kanonentürme ist der „Kiek in de Kök“ (1475) auf dem Domberg. Er trägt diesen Namen, weil die Soldaten von oben den Kaufleuten unten in die Küche gucken konnten. In seinen Mauern stecken immer noch die Kanonenkugeln aus dem von 1558 bis 1583 dauernden Livländischen Krieg, als Iwan der Schreckliche die Stadt vergeblich belagern ließ.

Oben: Die Alexander-Newski-Kathedrale in Tallinn ist die orthodoxe Hauptkirche von Estland.
Nachfolgende Seite: Die drei Schwestern wird dieses Häuserensemble liebevoll genannt.

Ein Wahrzeichen der Stadt ist der – heute mit der Nationalflagge geschmückte – Pikk Hermann (1371), ebenfalls auf dem Domberg. Der bekannteste Turm der Unterstadt ist die „Dicke Margarete" (Paks Margareeta), eine kreisrunde Bastion aus dem 16. Jahrhundert. Sie bewacht das mittelalterliche Große Küstentor zum Hafen hinab. Während der sowjetischen Besatzung zeigte sie das Ende des begehbaren Tallinns an.

Die Sowjets hatten den Hafen sowie den ganzen Küstensteifen zum Sperrgebiet erklärt und mit Stacheldraht umzäunt. Im Sperrgebiet befand sich auch die estnische „Lubjanka". In der Paterei-Festung (1800) sind viele Menschen hingerichtet worden, unter dem Zar, den Nazis, dem NKWD und dem KGB. Die letzte Hinrichtung fand 1991 statt, kurz vor dem Ende der Sowjetunion.

Das Militär zog erst 1994 ab, erst dann wurde das Gelände freigegeben. Die dem Meer zugewandt gebaute Stadt, war seit 1944 vom Wasser abgeschnitten. Das haben die Esten den Besatzern nicht vergessen.

Beiden Stadtteilen gemeinsam war zudem die Sprache Deutsch. Wer Deutsch sprach, gehörte zur Oberschicht, die estnisch sprechende Urbevölkerung waren „Undeutsche" und damit Angehörige der unteren Gesellschaftsschichten (s. S. 28). Die Barrieren der Ständegesellschaft, die bis Ende des 19. Jahrhunderts nahezu unverändert bestanden, waren an dieser Sprachgrenze festzumachen.

Die Stadtmauer markierte ihren Verlauf. Die einheimischen Esten sowie die im Gefolge der

Oben: Der „Kiek in de Kök" ist Tallinns berühmtester Turm.
Vorhergehende Seite: Teile der mittelalterlichen Stadtbefestigung.

Besatzungsmächte gekommene Dänen, Schweden und Russen wohnten nicht innerhalb der Befestigungsanlagen, wo sie etwa als Dienstboten oder Handwerker arbeiteten. Sie lebten in ärmlichen und ständig von Bränden bedrohten Holzhäusern in den kleinen Vorstädten um die Stadt herum, etwa in Fischermai (Kalamaja). In dieser Zeit ließ man die Burggräben hinter der Stadtmauer zuschütten, um Ost- und Gemüsegärten für die Stadtbevölkerung einzurichten.

Das Hafengebiet hingegen war von Seeleuten geprägt und besonders zur Zarenzeit auch von den jeweiligen Soldaten, die auf dem oberhalb Kadriorgs liegenden Laaksberg (Lasnamäe) ihre eigentlichen Wohnstätten erhielten. Bei aller Multinationalität Revals blieb jeder Stand und jede Nationalität für sich.

Mit dem neuen Machtzentrum St. Petersburg und der dortigen Errichtung eines russischen Ostseehafens mit guten Flussverbindungen ins Landesinnere verlor Reval an Bedeutung. Das änderte sich erst, nachdem 1870 die Eisenbahnlinie von St. Petersburg nach Reval gebaut wurde.

Die Stadt wurde mit einem neuen Hafen und dem Schiffbau zu einer der großen Industriestädte des

Zwar ist die Altstadt Tallinns mit viel Aufwand restauriert worden, aber es bleibt immer noch viel zu tun.

Zarenreichs. Zu Zehntausenden strömten die schon 1817 aus der Leibeigenschaft befreiten, aber landlosen und bitterarmen Bauern jetzt in die Stadt. Erst jetzt änderten sich die Machtverhältnisse.

Die Deutschen, die 1830 mit etwa 65 Prozent die deutliche Mehrheit von Reval stellten, gerieten nun rasch in die Minderheit. Der estnische Bevölkerungsanteil erhöhte sich in den 30 Jahren zwischen 1867 und 1897 von 52 auf 89 Prozent, über 100.000 Menschen lebten jetzt in der Stadt. Drittgrößte Bevölkerungsgruppe waren die Russen, gefolgt von den Schweden.

Die Neustadt

Unmittelbar südlich und östlich der Altstadt, jenseits der Parkanlagen, die dem Verlauf des ehemaligen Burggrabens folgen, entstand Anfang des 20. Jahrhunderts die Neustadt. Ihre Architektur spiegelt das gewachsene Selbstbewusstsein der Esten wider.

Die Altstadt gleicht heute einem prächtigen und faszinierenden Museum, aber in der Neustadt leben die Esten, sofern sie die inzwischen erheblichen Mieten bezahlen können. Sie bietet eine lebendige Mischung von alten Holzhäusern, repräsentativen vierstöckigen Mietshäusern mit Jugendstilelementen sowie hochmodernen Glaspalästen.

Hier finden sich die Botschaftsgebäude, Tallinns Theaterstätten und natürlich die repräsentativen Hotels und Restaurants. Im Bezirk Kadriorg liegt die Sängerbühne (Lauluväljak), in der sich im September 1988 über 300.000 Menschen die Wiedererlangung der Unabhängigkeit ersangen (s. S. 39).

Das Zentrum der Neustadt ist der Freiheitsplatz (Vabaduse väljak). Hier begannen am Abend des 26. April 2007 die Krawalle, nachdem das Denkmal des sowjetischen Soldaten demontiert worden war (s. S. 45). Nicht erst seit diesem Abend, sondern schon seit 2004 ist über dem Platz eine Webcam installiert, deren Bilderfolge jeder Internet-Besitzer rund um die Uhr anschauen kann (www.estland.ee/index.php/49).

Ein sehr beliebtes Wohnviertel ist die um die Jahrhundertwende nach Reformideen entwickelte Gartenstadt Nömme. In einem der vielen schönen Holzhäuser, die hier stehen, lebte in den 20er Jahren Walter Zapp, der später mit der Erfindung der Minox-Kamera weltberühmt wurde.

Tallinns Erbe aus der Sowjetzeit

Gegen Ende des Zweiten Weltkriegs wurde Tallinn stark bombardiert, dennoch waren die Schäden weit geringer als etwa in Narwa oder Riga. Auch der Charakter der Altstadt blieb erhalten. Nach dem Krieg erfolgte eine rasante Industrialisierung unter sowjetischer Kontrolle. Unter anderem wurde in Sichtweite der Altstadt der größte Getreidehafen der UdSSR gebaut.

An einem Bankgebäude wehen die europäischen Flaggen.

Die Einwohnerzahl stieg von 175.000 im Jahr 1937 bis auf fast 500.000 im Jahr 1989. Mit einem Bevölkerungsanteil von 58 Prozent stellten die Russen, Ukrainer und Weißrussen die deutliche Mehrheit. Seit 1991 sinkt die Zahl der Bewohner, Im Jahr 2007 lebten im Großraum Tallinn nur noch knapp 400.000 Menschen.

145.164 von ihnen sind russischer Herkunft, das entspricht 36,7 Prozent. Weitere neun Prozent gehören anderen Nationalitäten an. Eines der größten ungelösten Probleme Tallinns sind die Trabantenstädte aus der Sowjetzeit, in denen der Großteil der nach dem Krieg angeworbenen Arbeiter mit ihren Familien lebt.

Diese in den 50er und 60er Jahren hochgezogenen, viele Quadratkilometer großen Plattenbauquartiere, vor allem in den Vorstädten Mustämäe und Lasnamäe, sind von einer atemberaubenden Hässlichkeit. Zwischen den Häusern mit oft unverputzten Ziegelfassaden stehen die in den 90er Jahren aufgegebenen Industrieruinen, die Straßen sind kaum beleuchtet, die Bürgersteige übersät mit eimertiefen Löchern.

Es sind Gettos, in denen nur russisch gesprochen wird. Viele der älteren Bewohner fühlen sich sozial abgehängt und sind es auch. Große Milde können sie von der Mehrheit der estnischen Bevölkerung nicht erhoffen, zu sehr steckt den Tallinnern die Sowjetisierung noch in den Knochen.

Sie erinnern sich, wie während dieser Zeit die Altstadt dem Verfall preisgegeben wurde und wie in der alten „Neustadt“ estnische Repräsentationsbauten aus den 20er Jahren zugunsten

Das moderne Tallinn: Neubau der Eesti Ühispank, Estlands zweitgrößter Bankgesellschaft.

Der größte Wasserfall Estlands, der Jägala, befindet sich unweit der Straße von Tallin nach Narwa.

neuer sowjetischer Funktionsbauten abgerissen wurden. Über dem Freiheitsplatz leuchtet immer noch der Rote Stern.

Narwa

Mit 67.497 Einwohnern im Jahr 2007 ist Narwa die drittgrößte Stadt Estlands, 95 Prozent von ihnen sind russischer Herkunft. Narwa liegt am Westufer des gleichnamigen Stromes, der hier relativ schmal ist und deshalb rasch fließt. Er verbindet den Finnischen Meerbusen mit dem Peipussee.

Bis 1991 gab es zwischen Narwa und der gegenüberliegenden russischen Stadt Iwangorod keine politische, sondern nur eine Verwaltungsgrenze, die Einwohner beide Städte konnten hin und herpendeln, wie es ihnen beliebte.

Seit dem 21. Dezember 2007 bildet der Fluss die Schengener EU-Außengrenze zu Russland, die miteinander verbandelte russische Bevölkerung ist jetzt voneinander getrennt. Vor der einzigen Brücke, für deren Ausbau mit Zollstation das ebenfalls einzige Kino der Stadt weichen musste, stauen sich jetzt die Lastwagen tagelang.

Am Ende des Zweiten Weltkriegs lieferten sich die zurückweichende deutsche Wehrmacht und die vorrückende Rote Armee in und um die Stadt heftigste Kämpfe. Im August 1944 ging das alte Narwa im sowjetischen Bomben- und Granatenhagel unter.

Von der stolzen und langen Geschichte der Hansestadt Narwa, die schon als bedeutender Handelsplatz in der Nowgoroder Chronik von 1171 beschrieben wurde, blieb nichts übrig außer den beiden gewaltigen Festungen diesseits und jenseits der Narwa. Die Hermansfeste (Hermanni

Gegenüber von Narwa, schon auf russischer Seite, wacht die Feste Iwangorod über den Grenzfluss, der ebenfalls Narwa heißt.

Linnus) wurde im 13. Jahrhundert vom Deutschen Orden errichtet, die Burg Iwangorod auf der gegenüberliegenden russischen Seite stammt aus dem 15. Jahrhundert.

Für die Ritter des Deutschen Ordens war Narwa die „östliche Vormauer der abendländischen Christenheit“. Die alte Burg verfügt heute über eine groteske Ergänzung aus der Sowjetzeit, die aus dem Stadtzentrum in den Burghof transportiert wurde. Lenin weist auf einem Sockel stehend mit großer Geste nach Osten ins einstige Leningrad.

Narwa geht es schlecht. Die Arbeitslosigkeit ist hoch. Der Versuch der Stadt, gemeinsam mit Iwangorod den Status als Unesco-Weltkulturerbe zu beantragen, ist gescheitert. Am gegenüberliegenden Ufer zeigte man kein Interesse. Das Ölschiefer-Kraftwerk am Rande der Stadt verkleinert seine Belegschaft ständig. Und im Kreenholm-Viertel, seit Ende des 19. Jahrhunderts ein Zentrum der Tuchherstellung, arbeiten nur noch ein paar Hundert Menschen. Kreenholm mit seinen alten backsteinroten Fabriken, Arbeiterhäusern zwischen Lindenalleen und kleinen Läden vermittelt eine Ahnung davon, dass Narwa einmal eine schöne Stadt gewesen sein muss. Selbst das verwahrloseste Häuschen in Kreenholm sieht immer noch besser aus als der gepflegteste Plattenbau.

Der Peipussee und die berühmte Schlacht von 1242

Der Peipussee (Peipsi-järv) ist so groß wie ein kleiner Ozean. Er ist achtmal größer als der Bodensee, mit 3.555 qkm der fünftgrößte See Europas. Das fischreiche Binnenmeer bietet einen endlosen Horizont und kilometerlange einsame Sandstrände. Wacholderbewachsene Dünen und Wälder, die wie bei Kauksi, Rannapungerja und

Der Peipussee ist Estland größter See. Mitten durch ihn hindurch verläuft die gemeinsame Grenze mit Russland.

Mustvee die Strände von hinten einrahmen, runden das Bild ab. Riesige Ferienanlagen aus der Sowjetzeit wie etwa in Uusküla wirken hier wie von einem anderen Stern.

Von Nord nach Süd erstreckt der See sich über 143 Kilometer und er ist bis zu 50 Kilometer breit. Seit 2004 bildet der See die EU-Außengrenze zu Russland. 44 Prozent seiner Gesamtfläche liegen auf estnischem Territorium, der größere Teil liegt in Russland. Man unterscheidet zwei Teile: den Großen See (Suurjärv) im Norden und den etwas kleineren, fast nur auf russischem Gebiet liegenden Pleskauer See (Pihkva järv) im Süden. Verbunden sind die beiden Hälften durch die nur wenige Kilometer breite Enge von Meeski.

Der See ist durchschnittlich nur 8 Meter tief. Im Sommer erwärmt er sich bis auf 22 °C, im Winter friert er schnell und tief zu. Wenn er im April auftaut, hebt sich der Wasserspiegel um einen Meter und überflutet dann riesige Landflächen. Während der See im nördlichen Teil relativ gut zu erreichen ist, führen im mittleren Teil nur schmale Schotterstraßen durch die sumpfigen Überflutungsgebiete. Wer hier aus dem Auto steigt wird buchstäblich von Mücken aufgefressen.

Der südliche Teil des Großen Sees, östlich von Tartu (Dorpat), bildet das weitgehend unzugängliche Naturschutzgebiet Suursoo. An der ganzen Küste entlang gibt es nur etwa 30 kleine Ortschaften, in denen selten mehr als 100 Menschen leben. Die abgeschiedenen Dörfer russischer Altorthodoxer befinden sich südlich der Kleinstadt Lohusee, ihr ehemaliges Kloster liegt in Raja.

Auf dem Eis des Peipussees fand am 5. April 1242 eine der berühmtesten Schlachten des Mittelalters statt. Ein russisches Heer unter dem Nowgoroder Fürsten Alexander Newski besiegte, mit großen Folgen für die Weltgeschichte, die Kreuzritter des Deutschen Ordens. Schwerbewaffnet und in mächtigen Rüstungen steckend waren die Ritter im Morgengrauen gen Osten ge-

ritten, um sich, nachdem Livland und Estland schon unterworfen waren, auch das Großfürstentum Nowgorod mit seiner alten Handelsstadt Pleskau (Pksow) untertan zu machen. Südlich der Insel Piirisaar (Rabenstein) gelang es aber den wendigen Reitertruppen des Fürsten, das Ordensheer von etwa 500 Rittern und ein paar tausend Mann livischen Fußvolks einzukreisen. Sie stießen die eisernen Ritter mit Lanzen von ihren Pferden und ließen sie dann von ihrem nachrückenden russischen Fußvolk erschlagen. Viele Ritter sollen auch ertrunken sein, als das Eis stellenweise unter dem Gewicht der gepanzerten Reiter einbrach. Einige versuchten zu Fuß das etwa 10 Kilometer entfernte Ufer des Sees zu erreichen.

Diese Schlacht beendete die Ostexpansion des Deutschen Ordens. Als noch wichtiger erwies sich, dass Newskis Erfolg auf lange Sicht eine der Voraussetzungen für den Wiederaufstieg Russlands nach dem Ende der Mongolenherrschaft schuf und damit die Keimzelle für das Zarentum legte.

Insofern begründete diese Schlacht auch die bis heute gültige russische Einflusssphäre in Europa. Alexander Newski wurde von der Russisch-Orthdoxen Kirche heilig gesprochen und gilt bis heute als Nationalheiliger des Landes.

Während der Zeit der Russifizierung wurde in fast jeder Stadt der baltischen Ostseeprovinzen eine bedeutungsschwere Alexander-Newski-Kathedrale errichtet, die berühmtesten stehen in Liepāja (Libau), Riga und Tallinn (Reval).

1938 drehte Sergej Eisenstein seinen nach dem Nationalheiligen betitelten Film, die Musik dazu schrieb Sergej Prokofjew. Der Höhepunkt des Films ist eine 35-minütige Schlachtenszene auf dem Peipussee, bei der Zehntausende von Komparsen in detailgetreuen Kostümen mitwirkten.

Wegen des deutsch-sowjetischen Nichtangriffspaktes von 1939 wurde der Film aus den Kinos genommen; er kam aber nach dem Einmarsch der deutschen Truppen 1941 wieder zum Einsatz, um durch die Präsentation des historischen Vorbilds den Kampfwillen des Volkes zu stärken.

Alter Leuchtturm am Peipussee.

Tartu (Dorpat)

Im Südosten von Estland, am Fluss Emajögi (Embach), der den Peipussee mit dem Võrtsjärv (Wirzjerssee) verbindet, liegt die alte Universitätsstadt Tartu (Dorpat). Sie zählte 2007 101.207 Einwohner und ist die zweitgrößte Stadt des Landes.

Der russische Bevölkerungsanteil liegt heute bei nur etwa vier Prozent, im Jahr 1992 waren es noch 17 Prozent. Die große Differenz erklärt sich dadurch, dass nach Wiedererlangung der Unabhängigkeit der jahrzehntelang geltende Numerus Clausus für estnische Studenten aufgehoben wurde und viele Studenten aus den russischen Unionsrepubliken Estland verließen.

Neben den Forschungseinrichtungen, der Landwirtschafts- und der Kunsthochschule bietet die Stadt auch die stolze Anzahl von 20 staatlichen Museen. Dies bescherte Tartu den Ruf, wissenschaftliches und geistiges Zentrum des Landes und zugleich die „Stadt der Jugend" zu sein. Laut dem Stand von 2006 sind über ein Fünftel der Einwohner Studenten und knapp 30 Prozent der Gesamtbevölkerung unter 30 Jahre alt. Zugleich ist Tartu die älteste Stadt Estlands. Schon 1030 wurde sie erstmalig als „Tarbatu" in der „Erzählung der vergangenen Jahre" erwähnt. Die altrussische Chronik berichtet über die Kriegszüge des Kiewer Fürsten Jaroslaw des Weisen. Er gab der Esten-Siedlung den Namen „Jurjew".

Nachfolgende Seite: Herbststimmung am Fluss Emajögi (Embach) in der Nähe von Tartu.
Unten: Das Rathaus von Tartu.

Oben: Das Pärnu College für Architektur und Design in Pärnu ist ein Ableger der Universität in Tartu.
Vorhergehende Seite: Mächtig wirken die Ruinen der alten gothischen Kirche auf dem Domberg.

Großes Leid erfuhren die Esten in ihrem späteren Verteidigungskrieg gegen die Ritter des Schwertbrüderordens. Nach 13 Jahren bittersten Kampfes bemächtigten sich 1224 die Deutschen der Siedlung, töteten nach damaligem Brauch alle Kriegsgefangenen bis auf einen, und tauften den Flecken in Dorpat um.

Fortan gehörte Dorpat 334 Jahre zum Ordensstaat Livland und wurde zu einem wichtigen Mittelpunkt der katholischen Kirche. Äußerlich zeigte sich die Bedeutung durch den 1235 begonnenen Bau der mächtigen Kathedrale auf dem Toomemägi (Domhügel). Als der Dom Mitte des 14. Jahrhunderts im gotischen Stil fertiggestellt war, galt er als größter und schönster Sakralbau im Ordensstaat.

Bereits Mitte des 13. Jahrhunderts besaß Dorpat eine – die Rechte des Bischofs beschränkende – städtische Verfassung nach Rigaer Recht und entwickelte sich dank der Nähe zu Pskow und Novogorod zu einer lebendigen Handels- und bald auch Hansestadt.

Während der Reformation spielten sich in Dorpat, wie in anderen Städten Livlands, stürmische Szenen ab: Der Dom wurde geplündert und als Scheune mißbraucht, die Bilder wurden verbrannt, Figuren zerschlagen und die Dominikanermönche aus dem Kloster herausgehetzt.

Der Zusammenbruch des livländischen Ordensstaates führte zur Herrschaft der Russen in Dorpat, die von 1558 bis 1582 währte. Sie verschleppten den Bischof sowie ein Drittel der Bevölkerung nach Russland und brachten ein weiteres Drittel um. Als die geschundene Stadt 1582 nach einer Niederlage Russlands dem König von Polen-Litauen übergeben wurde, zog für kurze Zeit Frieden ein.

Nach wechselnder schwedischer und polnischer Herrschaft wurde Dorpat 1625 erneut von den

Das Kunstmuseum in Tartu.

Schweden besetzt und gehörte trotz mehrfacher russischer Belagerungen bis 1704 zu Schwedisch-Livland.

Nicht der Krieg, sondern ein Blitz zerstörte 1596 die inzwischen lutherisch gewordene Kathedrale auf dem Domberg. Sie brannte völlig aus und steht nun seit über 400 Jahren als gewaltige und romantisch anzusehende Ruine in einem wunderschönen Park steil über der Stadt. Wenn die Strahlen der Abendsonne die roten Ziegelsteine der Ruine erleuchten, scheint es, als ob der Dom immer noch brenne. Der erhalten gebliebende Chorraum wurde 1806 zur Bibliothek ausgebaut und beherbergt heute das Universitätsmuseum. Im Park, der im 19. Jahrhundert im englischen Stil angelegt wurde, finden sich schöne Denkmäler der berühmtesten Gelehrten und Persönlichkeiten Dorpats. Über die Engels- und die Teufelsbrücke (1836) erreicht man die andere Seite des Dombergs. Dort steht die großartige alte Sternwarte (1811) auf dem Platz, auf dem sich früher der Bischofsitz befunden hatte. Ihr astronomischer Bogen wurde zum Weltkulturerbe erklärt.

Die Schwedenzeit unter Gustav II. Adolf ist der Stadt in guter Erinnerung. In einem Feldlager bei Nürnberg 1632 unterzeichnete der König die Stiftungsurkunde für die erste Universität in Livland. Sie sollte ihm zu Ehren den Namen „Academia Gustaviana“ tragen.

Als wieder ein Krieg mit Russland drohte, ließ sein königlicher Nachfolger die Academia 1699 in seine Lieblingsstadt Pernau verlegen. Im Verlauf des Nordischen Krieges, der um die Vorherrschaft im Ostseeraum geführt wurde und mit Schwedens Niederlage endete, kamen 1704 die Heere Peters des Großen nach Dorpat, um die Stadt zu belagern.

Aus Furcht, die Schweden könnten die Stadt zurückerobern, ließ der Zar am 18. Februar 1708 sämtliche Bürger der Stadt nach Russland verschleppen. Er ließ die Stadt vollständig niederbrennen und die Befestigungsmauern mit ihren 18 Türmen sprengen – Überreste sieht man noch in der Vabaduse-Allee.

Außer den Fassaden der Johanniskirche (Jaani-Kirche, erbaut 1323) widerstand kein Gebäudeteil den Pechfackeln. Erst ab 1714 wurde auserwählten, den Russen freundlich gesinnten Bürgern erlaubt, in die Trümmer der Stadt zurückzukehren. Nach dem Friedensschluss mit Schweden wurde Livland zu einem russischen Gouvernement und Dorpat bis 1918 zu einer Stadt im Russischen Reich.

Der Wiederaufbau stand unter einem schlechten Stern. Immer wieder suchten Feuersbrünste die Stadt heim, beim größten Brand 1775 wurde fast die ganze Innenstadt erneut vernichtet. Der Wiederaufbau wurde im klassizistischen Stil ausgeführt, der zu jener Zeit in der russischen Architektur vorherrschte. Dies ist heute noch in der Innenstadt zu besichtigen.

Herausragendstes Beispiel des sogenannten Petersburger Klassizismus ist das Rathaus (1782–1786) mit seiner dominanten Uhr auf dem Raekoja plats. Neben ihm steht das sehr eigenwillig anzusehende „Schiefe Haus“, das der Gemahlin des berühmten Feldherrn Barclay de Tolly gehört hatte und heute ein Kunstmuseum beherbergt. Es hat sich bei einer Grundwasserabsenkung im 19. Jahrhundert mächtig zur Seite geneigt.

Ein Denkmal für den Feldherren steht im Dompark. Seiner Strategie hatte es der Zar zu verdanken, dass Napoleons Feldzug gegen Russland 1812 nicht mit einer vollständigen Katastrophe endete. Ein Erbe aus dieser Zeit sind auch die breiten, schnurgeraden, wie auf einem Schachbrett angelegten Straßen und die rechteckigen Platzanlagen.

Ende des 19. Jahrhunderts war Dorpat eine deutsch geprägte Stadt. Von den etwa 30.000 Einwohnern waren zwar 46 Prozent estnischer und 43 Prozent deutscher Herkunft, aber wie es in einem zeitgenössischen Bericht heißt, hätten die Esten nur „niedrige“ Positionen inne, alle „führenden“ hingegen die Deutschen. 1896, als Dorpat schon 42.421 Einwohner hatte, gab es immer noch keinen estnischen Arzt, Pfarrer, Gymnasiallehrer oder Beamten.

Im Juli 1941 befand sich Tartu drei Wochen lang im Fadenkreuz von Wehrmacht und Roter Armee und wurde stark zerstört. Einige Gebäude sind nach der Unabhängigkeit wieder instand gesetzt worden, so die Johanniskirche, die in der Sowjetzeit als Lagerhalle gedient hatte.

Universität Dorpat – Das Heidelberg des Nordens

Ohne die Wiederbegründung der Universität Anfang des 18. Jahrhunderts wäre Tartu nur eine durch Krieg und Zerstörung gebeutelte Stadt geblieben. Die Initiative für einen Neustart ergriffen die Ritterschaftsverbände von Livland und Estland, indem sie 1798 an den reformgesinnten Zaren Alexander I. eine entsprechende Bitte richteten. Dieser stimmte schnell zu, um „in der wiederbegründeten Pflanzschule (Universität) Beamte für den russischen Staatsdienst zu ziehen“. Als am 21. April 1802 in seiner Anwesenheit die „Kaiserliche Universität zu Dorpat“ (oder Alma Mater Dorpatensis) eröffnet wurde, war dies auch der Anfang einer neuen, guten Zeit für die halbentvölkerte Stadt.

Sie zählte damals nur noch 5.325 Einwohner, weniger als ein Jahrhundert zuvor. Das Hauptgebäude der Universität im strengen klassizistischen Stil, heute ein Wahrzeichen der Stadt, wurde 1809 seiner Bestimmung übergeben.

Erster Rektor wurde Georg Friedrich Parrott, der sich bald mit dem Adel überwarf, weil er die Alma mater von der Kontrolle der Ritterschaften befreien wollte. Er wollte eine Staatsuniversität mit Selbstverwaltung und Zensurfreiheit des Lehrkörpers und kein vom einheimischen Adel abhängiges ständisches Institut mit ritterschaftlichem Berufungsrecht. Dank der Protektion des liberalen Zaren Alexander I. gelang es ihm, das neue Universitätsgesetz durchzusetzen, was der Hochschule gut tat und ihr den Ruf eintrug, das „nordische Heidelberg“ zu sein. An den mutigen Rektor erinnert heute ein Denkmal auf dem Domberg.

Von 1802 bis zur Russifizierung 1893 war die Universität, obwohl sie die einzige in den drei russischen Ostseeprovinzen Estland, Livland und Kurland war und zu den drei wichtigsten Universitäten des Zarenreichs gezählt wurde, ein rein deutsches Unternehmen. Die Außenwirkung war enorm, sie verfestigte auch für ein knappes Jahrhundert die deutschbaltische Kultur in den Provinzen. Mit ganz wenigen Ausnahmen waren in diesen Jahrzehnten alle Professoren Deutsche.

In den ersten Jahrzehnten waren es noch junge Gelehrte aus dem Reich, die sich „im Osten“ für den akademischen Betrieb zuhause qualifizieren sollten, aber dies änderte sich bald. In der besten Zeit der Universität, etwa zwischen 1860 und 1880, lehrten schon mehr deutschbaltische als reichsdeutsche Professoren an den insgesamt 20 Fakultäten. Viele von ihnen besaßen einen bedeutenden Ruf in der akademischen Welt.

Unter den Professoren und Absolventen, die später international berühmt wurden, waren der Theologe Adolf von Harnack, die Philosophen

Vorhergehende Seite: Abendstimmung über dem Pärnufluss.
Unten: Das Städtische Theater von Tartu.

Graf Hermann Keyserling und Nicolai Hartmann, der Kunsthistoriker Georg Dehio, die Historiker Johannes Haller und Paul Rohrbach, die Naturforscher Karl Ernst von Baer und Jacob Baron Uexküll, der Polarforscher Baron Eberhard von Toll, der Chemiker Wilhelm Ostwaldt, der 1906 den Nobelpreis erhielt, und die Astronomendynastie Struve.

Daneben ist kaum abzuschätzen, in welch großem Umfang die Dorpater Fakultäten zur Europäisierung Russlands und zur wissenschaftlichen Erforschung und Erschließung der unermesslichen Weiten des Landes beigetragen hat. Die Unterrichtssprache war Deutsch, obwohl nicht alle Studenten (Studentinnen gab es noch nicht) muttersprachliche Deutsche waren. Aber sie dominierten. Zwischen 1802 und 1889 schlossen 14.000 Studenten ihr Studium mit einen akademischen Titel ab. Unter den insgesamt 30 deutschsprachigen Universitäten, von denen 23 im Reich lagen und sieben im Ausland, war Dorpat 1889 die elftgrößte. Von den 14.000 Universitätsabsolventen waren etwa ein Fünftel Söhne von in Russland lebenden deutschen Staatsbeamten, gut zwei Fünftel entstammten der einheimischen deutschbaltischen Oberschicht und waren häufig adliger Herkunft. Ein weiteres Fünftel waren Studenten aus dem Reich und dem europäischen Ausland und das letzte bildeten die Söhne von russischen Beamten sowie junge Esten und Letten, die im Zuge der von Handwerkervereinen und deutschen Pfarrern getragenen Bildungsbewegung ihre Aufstiegschancen wahrnehmen konnten.

Weil nach einem Dekret des Zaren bis Mitte des 19. Jahrhunderts in Dorpat kein Jude übernachten durfte, gab es auch keine jüdischen Studen-

Unten: Die Teufelsbrücke von Tartu; ihr Gegenstück ist die Engelsbrücke.

ten. 1871 erhielten acht Juden aus den sogenannten Ansiedlungsrayons in Kurland eine Ausnahmegenehmigung,

1888 waren von 428 Neueinschreibungen schon 65 Studenten jüdischer Herkunft. Die Kontakte zwischen den verschiedenen Gruppen blieben sehr spärlich, denn die Studentengesellschaft differenzierte sich im 19. Jahrhundert nach Herkunft und Stand. Man organisierte sich in konkurrierenden und gerne schlagenden Verbindungen mit eigener Gerichtsbarkeit, trug stolz deren Farben und führte merkwürdige Rituale auf.

Wenn sie es zu wild trieben, sperrte man sie in den Studentenkarzer, der heute noch zu besichtigen ist. Wer eine Frau beleidigt hatte, musste vier Tage in den Karzer, wer sich duelliert hatte bis zu drei Wochen.

Studentisches Nationalbewusstsein und die Russifizierung

Für die Entwicklung des estnischen und lettischen Nationalbewusstseins ist die Universität Dorpat nicht hoch genug einzuschätzen. Viele der jungen Männer, die zu Studienbeginn selbst untereinander deutsch sprachen, um nicht als „Undeutsche“ (s. S. 28) erkennbar zu sein, entdeckten gerade mit Blick auf die ihre Traditionen intensiv pflegenden deutschbaltischen Korporationen die eigene Identität. Zu ihr gehörte die Pflege der Muttersprache und der Volkskultur, die bis dahin nur Anliegen der deutschen Philologen gewesen war.

So gab es in der Universität seit 1803 ein Lektorat für die estnische Sprache. 1835 wurde die „Estnisch-deutsche Gesellschaft“, gegründet,

Das Hauptgebäude der Universität von Tartu.

in der sich aufklärerisch gesinnte deutschbaltische und estnische Studenten trafen. Führendes Mitglied wurde bald Johann Voldemaar Jannsen (1819–1890), der 1857 in Tartu die erste auf Estnisch publizierte Zeitung „Perno Postimees" herausgab. Er war der erste Este, der den Begriff „Este" anstatt „maarahvas" (Landsleute) verwendete. Er verfasste auch den Text für die heute gesungene Nationalhymne.

Nach deutschem Vorbild fand auf Jannsens Bestreben hin in Tartu vom 18. bis 21. Juni 1869 das erste estnische Sängerfest statt. Es sollte an den 50. Jahrestag der Aufhebung der Leibeigenschaft in Livland erinnern. Männerchöre sangen die von der Dichterin Lydia Koidelka, Tochter Jannsens, verfassten Lieder „Mein Vaterland ist meine Liebe" oder „Bis zu meinem Tode". Die 845 teilnehmenden Sänger sowie die 12.000 bis 15.000 Zuschauer wurden von dem damals regierenden Zar Alexander II. als politische Gefahr gedeutet. Es war das erste nationale Sängerfest in den baltischen Provinzen überhaupt und zugleich der Beginn der bis heute einzigartigen Chortradition in den baltischen Ländern (s. Lettland, S. 139) Ein Jahr nach dem Sängerfest gründete sich der Estnische Studentenverein, dessen quergestreifte blau-schwarz-weiße Fahne später zur Nationalflagge wurde.

Als mit der Russifizierung die Axt an das Deutschtum gelegt wurde, nahte auch das Ende der „Alma Mater Dorpatensis". Die Entfremdung zwischen Russland und der deutschen Oberschicht hatte schon mit den Konversionsprogrammen der orthodoxen Kirche in den 1840er Jahren begonnen. Als Übertritte zum orthodoxen Glauben mit Bauernland belohnt wurden, wuchs in den 1860er Jahren die Distanz. Als russische Publizisten ungebremst gegen die

Vielfotografierte Skulptur vor dem Rathaus von Tartu: das küssende Paar.

Innenstadt von Tartu: Eine schmale Gasse führt zwischen der Kirche und den Wohnhäusern hindurch.

Deutschen hetzten, schlug sie in großes Misstrauen um.

Zu regelrechten Hassausbrüchen kam es, als nach der Einführung der russischen Städteordnung 1878 die Universität ab 1882 schrittweise russisch nationalisiert wurde: Deutsche erhielten keine Auslandspässe mehr, Lehre und Forschung wurden von russischen Beamten standarisiert und zensiert, ab 1887 durfte, mit Ausnahme der Theologischen Fakultät, nur noch in Russisch unterrichtet werden und bald auch nur noch von russischen Professoren.

Der Höhepunkt der Russifizierung, die das Ende der früheren internationalen Universität bedeutete und die Umwandlung in eine vom Staat gelenkte russische Bildungsanstalt besiegelte, war 1893 die Umbenennung von Stadt und Universität. Tartu hieß jetzt „Jurjew" wie im Jahre 1030 und die Hochschule entsprechend „Kaiserliche Universität Jurjew".

Diesen Namen trug sie bis 1918. Als deutsche Truppen Tartu besetzten, wurde ein Teil der Universität nach Woronesch (Russland) evakuiert. In Tartu selbst wurde die Hochschule unter deutscher Besatzung als „Landesuniversität Dorpat" wiedereröffnet. Der deutsche Kaiser schickte sogar ein Grußtelegramm.

Im jungen Staat Estland wurde sie 1919 mit vielen nationalen Ehrungen unter dem schlichten Namen „Universität Tartu" ein drittes Mal neueröffnet. Die offizielle Unterrichtssprache war estnisch, obwohl viele Studenten und Hochschullehrer der deutschbaltischen Minderheit angehörten. Während der Nazibesetzung wurde sie geschlossen, man wollte eine deutsche „Ostland-Universität" für das gesamte Baltikum errichten, wozu es aber nicht kam. Während der Sowjetzeit trug sie den Namen „Staatsuniversität Tartu". Die „Tartu Ülikkool" ist heute die einzige Volluniversität Estlands und Mutteruniversität für die Technische Hochschule in Tallinn. 2006 unterrichteten 136 Professoren und 700 weitere Lehrkräfte 19.000 Studenten. Schwerpunkte sind die medizinisch-biologische Forschung und die Laseroptik, außerdem Umwelttechnologie und Philologie.

Der Strichcode des Lebens

Das berühmteste Forschungsvorhaben der Universität und vermutlich das ehrgeizigste Genprojekt des 21. Jahrhunderts weltweit versteckt sich in einer früheren Brotfabrik am Rande der Stadt.

Damit es überhaupt beginnen konnte, musste das estnische Parlament ein spezielles Datenschutzgesetz verabschieden. Das Ziel ist die Erstellung einer nationalen Gendatei, um herauszufinden, warum manche Menschen krank werden und andere nicht. So einfach dies klingt, so schwierig gestaltete sich das Projekt. Denn obwohl sich alle Menschen in der grundsätzlichen Reihenfolge und Anordnung ihrer Erbaubausteine gleichen, weicht der persönliche genetische Code immer um ein paar Buchstaben von dem des Mitmenschen ab.

Einer der vielen kleinen Seen, die man nicht überall in Estland findet.

Die Molekularbiologen in Tartu wollen nach einem Großscreening der estnischen Bevölkerung die Differenzen mit der Krankengeschichte der Spender vergleichen. So sollen die exakten Sequenzen für individuelle Merkmale festgelegt werden, etwa für Parkinson, Diabetes, Bluthochdruck und für andere Volkskrankheiten. Sind alle Variationen des menschlichen Erbgutes bekannt, so die Vision der Wissenschaftler, dann müsste es auch möglich sein, für jeden Kranken das maßgeschneiderte Medikament zusammenzustellen. Um die nationale Inventur der Genome beginnen zu können, braucht die Genstiftung die Krankheitsdaten und DNA-Proben von 50.000 Esten. Etwa 8.000 waren bis Ende 2006 schon zusammengekommen. Bis die Mediziner die notwendigen Daten besitzen, sie ausgewertet und die richtigen Schlüsse daraus gezogen haben, wird noch ein Weilchen vergehen. Aber wenn der individuelle Code tatsächlich einmal berechenbar sein sollte, könnte die Universität Tartu sehr berühmt und sehr reich werden.

Saaremaa (Ösel)

Estlands größte Insel Saaremaa (deutsch/schwedisch: Ösel), ist mit 2.673 qkm etwas größer als das Saarland, und nach Gotland, das zu Schweden gehört, die zweitgrößte Insel in der Ostsee. Die zweitgrößte estnische Insel Hiiumaa (Dagö, 965 qkm) zählt 11.000 Einwohner und ist von Saaremaas nördlichstem Punkt nur sechs Kilometer entfernt. Zwischen Saaremaa und dem

Die alte Burg von Saaremmaa.

Festland liegt die Insel Muhu (Moon). Beide Inseln zusammen sperren die Rigaer Bucht vom Finnischen Meerbusen ab. Nach dem Zweiten Weltkrieg wurden sie von den sowjetischen Behörden zum militärischen Sperrgebiet erklärt und von der Außenwelt hermetisch abgeriegelt. Auf Saaremaa befanden sich ein Frühwarnsystem und eine Raketenabschussbasis. Ausländern war der Zutritt streng verboten, Festlandbesucher durften nur mit Ausnahmegenehmigung anreisen, selbst Inselbewohner durften ganze Landstriche nicht betreten.

Über Jahrhunderte hatten dort Küstenfischer ihr Auskommen gefunden, doch Anfang der 90er Jahre war der Berufsstand ausgestorben. Heute ist die historisch, kulturell und landschaftlich faszinierende Insel nach Westen ausgerichtet, lockt mit ihrem Alt-Estland-Image die Besucher an, will aber gleichzeitig nicht viel davon wissen, dass sie ihre Ursprünglichkeit und Andersartigkeit auch der erlittenen Zwangsisolation verdankt. Von allen Regionen Estlands ist Saaremaa die von der Russifizierungspolitik die am wenigsten berührte. Es gibt außer einer großen Brauerei keine Industrie, der landwirtschaftliche Charakter ist im Großen und Ganzen bewahrt. Es wird viel Getreide angebaut, zwischen den überall reich wachsenden Wacholderbüschen grasen wohlgenährte Schafe. Die Höfe sind nach alter Art durch niedrige Mauern voneinander getrennt. Immer noch sind die früher für die Insel charakteristischen „Bockwindmühlen“ zu finden, zum Beispiel bei Angla, wo gleich fünf nebeneinander stehen.

Aus dem 13. Jahrhundert stammt die Kirche in Karja auf Saaremmaa.

Zum Landkreis Saare Maakond, zu dem Saaremaa gehört, werden neben der 201 qkm großen Insel Muhu mit ihren 1.900 Einwohnern noch die Inseln des Naturparks Vilsandi (Filsand, 9 qkm) und Ruhno (Rüno, 11,5 qkm) gezählt. Auf der maximal 88 Kilometer langen und maximal 90 Kilometer breiten Insel leben in 15 Gemeinden und der Hauptstadt Kuressaare (Arensburg) etwa 38.000 Einwohner, so der Stand 2006. Nur 1,2 Prozent von ihnen sind russischer Herkunft.

Wenn die Insulaner auf das Festland wollen, müssen sie erst knapp vier Kilometer über einen 100 Jahre alten Damm nach Muhu fahren, quer durch die Insel nach Osten und dann vom Hafen Kuivastu mit einer Fähre hinüber zum Festlandhafen Virtsu (Werder). Dies kann dauern – Sommergäste sollten die Autofähre lange vorher buchen. Das Verkehrsnetz auf Saaremaa ist gut ausgebaut. Die Straßen sind größtenteils asphaltiert, zwischen den kleinen Ortschaften und sogar zwischen Kuressaare und Tallinn, Tartu und Pärnu verkehren Überlandbusse. Im Sommer gibt es über den Hafen in Möntu auch eine Schiffsverbindung nach Ventspils in Lettland. Bei Roomassaare befindet sich der einzige Flugplatz.

Die Küstenlinie von Saaremaa hat eine Länge von 1.300 Kilometern. Sie umfasst mit 600 km auch viele kleine unbewohnte Inseln und verschiedene große Halbinseln. Im Norden, nahe Panga, findet sich eine der spektakulärsten Steilküsten Estlands. Bis zu 30 Meter ragt die schroffe Felswand über die Ostsee. Wer hinunter zum Strand will, muß sich an einem Drahtseil hinab-

Die Kirche von Kihelkonna hat mit 72 Metern den höchsten Kirchturm der Insel.

hangeln. Sörve (Sworbe), die südlichste Stelle der Insel, ist nur über eine schmale Landverbindung bei Tehumardi zu erreichen.

Die Halbinsel gehört mit ihren einsamen Stränden, dichten Wäldern, den mit Wacholder bewachsenen Hügeln und tundraähnlichen Ebenen zu den landschaftlich reizvollsten Regionen der Insel. Sie streckt sich bis zu 30 Kilometer in die Bucht von Riga hinein und endet am südlichsten Punkt des Archipels im Dorf Sääre. Dort wurde 1646 ein erster Leuchtturm errichtet, der im Zweiten Weltkrieg zerstört worden ist. Der jetzige 52 Meter hohe Turm stammt aus dem Jahre 1960. Von hier aus kann man bei gutem Wetter bis zum Kap Kolka in Lettland sehen. Wegen dieser Nähe war Sörve sowohl im Ersten als auch im Zweiten Weltkrieg stark umkämpft. In Tehumardi, südlich des Strandes von Järve, erinnert ein 21 Meter hohes Mahnmal in Form eines abgebrochenen Schwertes an die blutigen Kämpfe in der Nacht vom 8. auf den 9. Oktober 1944. Nach dem Rückzug der deutschen Truppen trafen hier estnische Wehrmachtseinheiten auf Soldaten der Roten Armee, in deren Einheiten ebenfalls Esten kämpften. Bei schlechter Sicht und auch während der Nacht wurde gekämpft; niemand weiß, wieviele Soldaten von den eigenen Leuten „aus Versehen erschossen" wurden. Viele tausend Menschen starben in dieser Nacht. Sowohl estnische Gefallene als auch russische liegen in Doppelgräbern auf dem nahen Friedhof. Überbleibsel aus dieser Zeit sind verfallene Bunkeranlagen und Reste von Panzersperren, neben denen sich Ruinen von später gebauten sowjetischen Gebäuden befinden.

Die Rebellen von Ösel

Die Inselbewohner, die häufig miteinander verwandt sind, pflegen intensiver als im restlichen Estland das ganze Jahr über ihre alten Bräuche. Ihre Lieder und Trachten unterscheiden sich von denen des Festlandes. Sie sprechen einen estnischen Dialekt, der auch eine eigene Sprache sein könnte, gelten als besonders knorrig; sogar ihre Sagen sind eigen. Für den estnischen Helden Kalevipoeg haben sie nicht viel übrig, denn sie haben ihren „Suur Töll", der ebenfalls gegen Dämonen und Teufel kämpfte.

Auch die Ordensritter hatten trotz ihrer gutbewaffneten Streitmacht die größten Schwierigkeiten mit den Einheimischen. Erst 1227, nach einem neunjährigen Krieg, gelang es dem Schwertbrüderorden – und auch nur mit Unterstützung der Söldner des Erzbischofs von Riga – die Insel zu unterwerfen. Von diesem Zeitpunkt bis 1918 gehörte die Insel zur historischen Provinz Livland.

Die Ritter gaben ihr den schwedischen Namen „Ösel", dies bedeutet frei übersetzt „Sieb von Inseln". Angesichts der über 500 meist unbewohnten Inselchen, die zu Saaremaa gehören, eine treffende Bezeichnung. Nach dem mühsamen Sieg wurde der Herrschaftsbereich zwischen dem Orden und dem in Haapsalu (s. S. 100) residierenden Bischof von Ösel-Wieck aufgeteilt.

Die Ritter nahmen sich Muhu, ein Stück des gegenüberliegenden Ostens und kleinere Teile vom Nordwesten Ösels. Der Bischof als deut-

Typisches Haus am Südwestrand der Insel Muhu.

scher Reichsfürst und Landesherr nahm alles Übrige, was in der Folgezeit zu vielen Auseinandersetzungen führte. Von den Stützpunkten des Ordens auf Ösel sind nur noch die Ruinen der Vogtei Soneburg (Maasilinn) nahe dem Städtchen Orissaare zu besichtigen.

Der Hauptsitz der Ordensritter befand sich im heutigen Flecken Päde, einige Kilometer nördlich von Orissaare. Diese gut befestigte Burg zerstörten die Esten bis auf die Grundmauern in ihrem von 1343 bis 1345 andauernden Aufstand gegen die Deutschen. Lange konnten sie sich ihres Erfolges nicht freuen, denn schon zwei Jahre später eroberten die Ritter die Insel zurück. Zeugnisse aus dem Mittelalter sind in der alten Bischofsstadt Arensburg (Kuressaare) zu sehen.

Kuressaare (Arensburg)

Ösels Hauptort Kuressaare liegt windgeschützt im Süden der Insel. Der malerische Ort verzaubert mit engen, winkligen Gassen und baumbestandenen Straßen, in denen rosa, blau und gelb getünchte klassizistische Häuser stehen. In der Innenstadt befindet sich in einem gepflegtem Park das schon im 19. Jahrhundert beliebte Kurhaus mit seinem großen Angebot an gesundheitsfördernden Moorschlammpackungen. Viele neue Bäder sind mit dem Etikett Spa und Wellness an den Rändern der Stadt neu gebaut worden.

Natürlich finden sich auch auf Ösel die grauen Mietskasernen aus der sowjetischen Zeit, aber im Vergleich zu anderen Städten Estlands doch deutlich weniger. Kuressaare, das jahrhundertelang bis

Kinder warten an der Bushaltestelle in Kuressaare /Saaremaa.

1918 Arensburg hieß und von den Sowjets zu Ehren eines estnischen Kommunisten aus den 30er Jahren in „Kingisepp“ umbenannt wurde, zählt im Winter etwa 12.000 Einwohner, im Sommer die doppelte Zahl. Die Stadt ist die Hauptattraktion von Saaremaa, das inzwischen von etwa 270.000 Touristen – vor allem von Finnen – pro Jahr besucht wird. Sie läuft Gefahr, zu einem saisonalen Rummelplatz zu werden, an dem das Inselbier Saare-Õlu besonders billig fließt.

Die ganze Stadt wird von der Bischofsburg dominiert, die sich im Süden von Kuressaare auf einer von einem Wassergraben umgebenen künstlichen Insel befindet. Sie gilt als die schönste Burg aller baltischen Länder und ist die einzig erhalten gebliebene Steinburg auf Saaremaa. Schon von weitem sind ihre wuchtigen, über 20 Meter hohen zinnenbewehrten Außenmauern und die beiden mächtigen Festungstürme zu sehen.

Der Turm „Pikk Hermann“ im Osten kann nur über eine Zugbrücke erreicht werden. In den ersten Jahrhunderten war er Wachturm und Kerker zugleich, im 18. Jahrhundert diente er als Kornspeicher, bis ihn der Öselsche Ritterschaftsverband restaurierte und als Versammlungshaus nutzte.

Das Innere der Burg ist ein großes Labyrinth aus Gängen, Treppen, Sälen und geheimen Kammern und erinnert sehr an ein Spukschloss. Teile der Burg sind heute ein Museum. Die bischöfliche Festung, die nur deshalb so uneinnehmbar gebaut worden war, weil man sich vor neuen Aufständen der eben niedergeschlagenen Öseler schützen wollte, entstand zwischen 1338 und 1362 und diente bald dem Bischof und Landesherren von Ösel-Wieck als Residenz. Nur das Domkapitel verblieb am früheren Bistumssitz Hapsal.

Der Flecken Arensburg vergrößerte sich erst 1558 zu einem Städtchen, nachdem die Heere des Zaren Iwan IV. des Schrecklichen in Livland eingefallen waren und viele Festlandbewohner vor ihm ins sichere Ösel geflohen waren. Der Bischof Johann von Münchhausen wollte sein Bistum nur noch los werden und verkaufte seinen Besitz auf Ösel, Dagö (Hiiumaa) und Hapsal (Haapsalu) einschließlich der leibeigenen Bauern hinter dem Rücken der deutschen Adligen für 30.000 Taler dem König von Dänemark. Dieser überließ es seinem Bruder Herzog Magnus von Holstein als Lehen. Von da an war Ösel nur noch ein Spielball zwischen Dänen und Schweden. Die benutzten die Insel jeweils als Sprungbrett, um sich ganz Estland und Livland untertan zu machen.

Stabile Verhältnisse zogen erst ein, als 1645 die Dänen zugunsten der Schweden auf Gotland und Ösel verzichteten und Königin Christine das Land dem Grafen Magnus de la Gardie verlieh. Er ließ 1670 in Arensburg das von Löwen bewachte Rathaus sowie das schöne Barockhaus gegenüber bauen.

Die gute schwedische Zeit endete, als Peter der Große im Nordischen Krieg Ösel eroberte und Arensburg niederbrennen ließ. Seine Soldaten schleppten zudem die Pest ein, der auf dem Festland schon 80.000 Menschen zum Opfer gefallen waren. Nur 11 der 2.000 Stadtbewohner überlebten Pest und Feuer des Schreckensjahres 1710.

Die klassizistisch geprägte Altstadt des heutigen Kuressaare entstand ab Ende des 18. Jahrhunderts. Die Regierung befahl damals, die Dächer nur noch mit Ziegeln zu decken, damit sie vor größeren Bränden zukünftig bewahrt blieben. Die Hoffnung erfüllte sich, bis die deutschen Truppen kamen. Sie besetzten 1917–1918 und 1941–1944 Stadt und Insel. Beim Abzug kam es jeweils bei Kämpfen mit der nachrückenden Roten Armee zu massiven Zerstörungen.

757 FAM

Haapsalu (Hapsal)

Der trotz seiner vielen Jugendstilvillen ländlich anmutende, aber sehr charmante Kurort Haapsalu (Hapsal) zählt 12.000 Einwohner und liegt auf einer gabelförmigen Halbinsel, die sich weit in die windgeschützte Bucht von Haapsalu vorstreckt. Die Bucht markiert die Mitte zwischen dem Rigaer und dem Finnischen Meerbusen. Vorgelagert sind die beiden Inseln Vormsi (Worms) und Hiiumaa (Dagö). Weil durch die Stadt viele Wasserläufe führen, die heute leider verlandet sind, trug sie eine Zeit lang das Attribut „Venedig des Nordens".

In gewisser Weise ist Haapsalu die Keimzelle der livländischen von deutschen Ordensrittern er-

Vorhergehende Seite: Straßenzug in Pärnu.
Linke Seite: Der 1905 erbaute Kursaal an der Bucht von Haapsalu.

oberten Insel Ösel. Hier war seit alters der Sitz des Bistums Ösel-Wieck, bis er Mitte des 14. Jahrhunderts nach Arensburg verlegt wurde. Das ab 1228 erbaute mächtige Burgschloss wurde auf einer künstlichen Anhöhe errichtet und mit einer 830 Meter langen Mauer umgeben. Im Nordischen Krieg wurde sie zerstört, aber ihre Ruinen stehen noch sehr malerisch auf dem Hügel. Von ihnen aus hat man einen wunderbaren Blick auf das Meer. Noch relativ gut erhalten ist die 1279 errichtete und im 15. Jahrhundert umgebaute Kathedrale des Evangelisten Johannes innerhalb der Burgmauern. Ende des 13. Jahrhunderts erhielt das Städtchen das Privileg des Rigaer Stadtrechts. Es umfasste die städtische Gerichtsbarkeit, den freien Handel mit der Hanse und eine relative Autonomie gegenüber dem Bischof. Besondere Bestimmungen galten für die Hapsaler Fischer. Sie brauchten dem Bischof und Landesherren keine Abgaben zu entrichten. Ausdrücklich wird im erweiterten Stadtrecht von 1424 festgehalten, dass neben Deutschen und Schweden, auch „unbescholtene Esten" Bürger der Stadt werden durften. Dies kann als Besonderheit gewertet werden.

Um die Burg herum stehen viele guterhaltene bunt angestrichene Holzhäuser. In einem von ihnen verbrachte Tschaikowsky 1867 den Sommer, was zur Entstehung des Klavierzyklus „Souvenir de Hapsal" führte. Die Attraktion des Städtchens ist aber der Bahnhof, der kurz nach der Eröffnung der Bahnlinie nach St. Petersburg im Jahr 1905 gebaut wurde. Weil der Zar zur Einweihung kommen wollte, sollte er besonders prächtig ausfallen. So verlängerte man den Bahnsteig und das Dach darüber auf 216 Meter. Aber der Zar kam nicht.

Heute ist Haapsalu buchstäblich abgehängt. Die Bahnlinie ist eingestellt, die Gleise sind alle demontiert, auf den übrig gebliebenen stehen ein paar Lokomotiven des Eisenbahnmuseums. Inzwischen wurde die Tristesse aufgehübscht. Der Bahnhof und auch das lichte Kurhaus aus dem Jahr 1825 sind zu Baudenkmälern erklärt und mit Mitteln der EU sehr schön restauriert worden.

Lettland – Land der Blumen und der Lieder

Lage und Größe

Lettland ist die mittlere der drei baltischen Republiken und mit 64.590 qkm nur unwesentlich kleiner als Litauen, aber um ein Drittel größer als Estland. Die Fläche entspricht in etwa der von Bayern. Es grenzt im Nordosten auf einer Länge von 343 Kilometern an Estland, im Südosten mit 161 Kilometern an Weißrussland, im Osten mit 276 km an Russland und im Süden mit 588 Kilometern an Litauen.

Die Länge der Küstenlinie entlang der großen u-förmigen Rigaer Bucht zum Kap Kolka und

Lettland – das sind junge Mädchen zum Johannisfest mit Blumenkränzen im Haar (Bild unten), das sind vor allem auch Liederwettstreit und Chorgesang (Bild rechts), das ist aber auch die moderne Skyline von Riga (folgende Doppelseite).

Hansabanka

Bewaldeter Küstenstreifen am Kap Kumrags.

von dort westlich entlang der Ostsee bis zur litauischen Grenze beträgt 494 Kilometer. Vom nördlichsten bis zum südlichsten Punkt Lettlands sind es in der Luftlinie nur 210 Kilometer, dafür beträgt die weiteste Ost-West-Ausdehnung 450 Kilometer.

Die mit 100 km schmalste Stelle zwischen der Rigaer Bucht und Litauen trennt das Land optisch in einen kleineren West- und einen größeren Ostteil. Kulturhistorisch spielt dies keine Rolle, denn in der Zeit vor der Gründung des Nationalstaates Lettland gehörten der west- und südwestliche Teil des Landes zur russischen Provinz Kurland und das nördliche und südöstliche Gebiet, zusammen mit dem größten Teil des heutigen Estlands, zur russischen Provinz Livland. Diese beiden historischen Regionen sind im Staatswappen durch den livländischen Greif und den kurländischen Löwen symbolisiert.

Heute gibt es vier in der Verfassung genannte Regionen: Kurzeme (deutsch Kurland) im Westen, Vidzeme (Mittelgebiet des alten Livland) im Nordosten, Latgale (Lettgallen) im Südosten und Zemgale (Semgallen), das Gebiet südwestlich des Flusses Daugava (Düna) entlang der südlichen Grenze zu Litauen.

Topographie, Klima, Natur

Lettland ist Teil der riesigen osteuropäischen Tiefebene. Der Großteil des Landes erhebt sich nicht höher als 80 Meter über dem Meeresspiegel. Im Landesinneren gibt es ein bescheidenes

Ausgedehnte Wälder bedecken fast 40 % der Landesfläche.

Hochland und eiszeitlich geprägte Hügellandschaften, die die stolze Bezeichnung Livländische oder Kurländische „Schweiz“ tragen.

Der höchste Berg ist mit 312 Metern der Gaiziņkalns (Gaising-Berg) auf der livländischen Hochebene in der Mitte des östlichen Landesteils. Die Küste nördlich von Riga bis hinauf zur estländischen Grenze ist flach mit eingesprenkelten Steinstränden.

Westlich von Riga hingegen, entlang der Rigaer Bucht bis zum Kap Kolka, findet man nur sanft gewellte, mit feinstem Sand bedeckte Dünen mit dahinterliegenden Kiefernwäldern. In der Rigaer Bucht erwärmt sich das Meer im Sommer auf etwa 22°C, in strengen Wintern, die in den letzten Jahren aber selten geworden sind, kann sie völlig zufrieren. An der Küste der offenen Ostsee, nahe der Kleinstadt Jūrkalne, liegen hinter weißen Sandstränden Steilküsten mit bis zu 40 Meter hohen Dünen. Das Wasser der offenen Ostsee erwärmt sich nur schwer, 12°C im Sommer sind keine Ausnahme.

Insgesamt befindet sich Lettland in einer klimatischen Übergangszone. Die Westküste ist rauer mit starken Temperaturschwankungen. Das Landesinnere, einschließlich der Bucht von Riga, wird von einem für den Breitengrad milden maritimen Klima mit reichlichen Niederschlägen bestimmt. Die Sommer mit Durchschnittstemperaturen von 16 °C und die schneereichen Winter, während derer die Temperatur durchschnittlich auf –4,5 °C fällt, sind kurz. Der Herbst beginnt schon im August.

Lettland, das ist in erster Linie Natur, Bodenschätze gibt es nicht. Die Küste ist fast unverbaut, vermutlich das einzig positive Erbe der Sowjetbesetzung.

Bis zum Abzug des Militärs, der sich bis 1994 hinzog, waren 350 der 494 Kilometer Küstenlinie militärisches Sperrgebiet, alle gewerblichen und Freizeitaktivitäten waren verboten. Laut Gesetz dürfen auch heute keine neuen Häuser direkt an der Küste gebaut werden und Ausländer kein Eigentum erwerben, das näher als 300 Meter zum Strand liegt. Wie überall in den postsozialistischen Ländern gibt es erkaufte Ausnahmen, aber das Gesamtbild bleibt naturbelassen. An der Westküste müssen Bernsteinsammler aber aufpassen, denn immer noch werden nach Stürmen goldgelbe, hochgiftige Phosphorklümpchen aus dem militärischen Erbe angeschwemmt.

40 Prozent Lettlands sind von Wäldern bedeckt. Trotz exportintensiver Holzwirtschaft sind über ein Drittel der Waldflächen noch unberührte Ökosysteme. Nördliche Nadelhölzer und südliche Laubbäume stehen nebeneinander und überall finden sich Beeren und Pilze.

Der große Bestand an Feuchtgebietswäldern sichert eine besondere biologische Vielfalt und einen Lebensraum für Tiere, die in Westeuropa fast ausgestorben sind. Leider werden sehr großzügig Jagdlizenzen verkauft. So wurden von den

Fischerhaus am See in Ungurmuiza, Orellen

700 Luchsen und 1.000 Wölfen, die 1998 noch gezählt wurden, inzwischen viele abgeschossen.

Das Problem der lettischen Bauern ist nicht die Be-, sondern die Entwässerung ihres Bodens. 17 Prozent der Fläche stehen unter Wasser und überall ist der Grundwasserspiegel sehr hoch. Es gibt 2.256 Seen, die größer sind als ein Hektar. Die meisten befinden sich im südlichen Ostlettland, in der Region Latgale. Hier liegt auch der größte See, der Rezna, mit etwa 56 qkm und der Dridzis, der mit 65 Metern die größte Wassertiefe aufweist.

Dazu gibt es noch 12.500 Flüsse und Flüsschen, die sich mit einer Gesamtlänge von 38.000 Kilometer durch das Land schlängeln. Viele von ihnen sind an keiner Stelle im natürlichen Lauf eingeengt. An ihren Ufern leben seltene europäische Wildtiere wie Otter, Biber und Eisvögel.

Der mit 452 Kilometer längste und nur durch Lettland fließende Fluss heiß Gauja (deutsch: Livländische Aa), auch „Fluss Gottes" genannt. Ganze 85 Kilometer zwängt er sich durch ein zum Nationalpark erklärtes romantisches Tal mit vielen Steilufern, Schluchten, Stromschnellen, Sandsteinklippen und Höhlen.

Der längste, breiteste und als einziger auch schiffbare Fluss ist die Daugava (deutsch: Düna). Sie entspringt in Russland nahe den Wolgaquellen,

Fast überall wohin man kommt, findet man Seen, Bäche, Flüsse.

zieht sich durch das nördliche Weißrussland und mündet nach 352 Kilometern durch lettisches Territorium 15 Kilometer nördlich von Riga in die Ostsee. Sie ist die Lebensader des Landes und in unzähligen Gedichten und Romanen als „Schicksalsfluss“ beschrieben. Inzwischen ist sie aber durch viele Industrieabfälle verschmutzt. Zum Schicksalsfluss wurde sie auch für die Naturschützer.

1961 versank neun Kilometer flussabwärts von Koknese (Kokenhusen) in der Region Vidzeme der sagenumwobene Kalksteinfelsen Stabburags in den Fluten der Düna, als gegen den Willen der Letten die dritte Staustufe des Wasserkraftwerkes Pļaviņas gebaut wurde. 1986 löste der vom „Klub zur Verteidigung der Umwelt“ (VAK) organisierte erfolgreiche Widerstand gegen ein neues Staudammprojekt nahe Daugavpils (Dünaburg), die „Los-von-Moskau“-Bewegung in Lettland aus. Es wäre der vierte Staudamm am Fluss gewesen und hätte Tausende Hektar Natur- und Ackerlandschaft vernichtet.

Fast fünf Prozent der lettischen Fläche sind Moore, die im Unterschied zu den viel größeren estnischen Beständen ökonomisch nicht ausgebeutet werden. Das Teiči-Staatsreservat in Latgale ist mit fast 20.000 ha Hochmoor das größte geschützte Moorgebiet aller baltischen Länder

Nachfolgende Doppelseite: Plankenstege führen durch die Moorlandschaft im Kemeri-Nationalpark.
Rechte Seite: Wegen der nördlichen Lage wird das Wasser der Ostsee auch im Sommer meist nicht sehr warm.
Unten: Wasser, Weite und grüne Natur stehen fast symbolisch für Lettland.

und ein Eldorado für Kraniche und Weißstörche. Im Marschland gibt es ein uraltes, völlig abgeschlossenes und von russischen Altgläubigen bewohntes Dorf. Das gesamte unter europäischem Schutz stehende Staatsreservat darf nur in Begleitung von ortskundigen Führern betreten werden.

Neben dem Teiči-Reservat gibt es noch drei weitere Staatsreservate, drei Nationalparks, 22 Naturparks, 211 Naturreservate, sechs geschützte Landschaftsgebiete und ein Biosphärenreservat. Das älteste, seit 1912 geschützte Areal ist die Moritz-Insel (lett. Moricsala) im See von Usmaiten (Usmas Ezers), nahe Ventspils (Windau) in der Region Kurland. Das Vogelschutzgebiet darf nicht besucht werden.

Sprache

„Labdien" heißt „Guten Tag" auf Lettisch, das zu der baltischen Gruppe des indoeuropäischen Sprachstammes gehört. Entfernt strukturell verwandt ist es nur mit dem Litauischen. Das heute gesprochene Lettisch entwickelte sich zwischen dem 10. und 12. Jahrhundert aus drei Dialekten heute ausgestorbener Völker. Das Alphabet besteht aus 33 Zeichen, neun von ihnen sind Vokale. Es gibt sechs Fälle und viele Ausnahmeregelungen.

Einige Wörter sind mit den Deutschen ins Land gekommen, eines davon lautet „ja". Für die Letten blieb es allerdings ein Fremdwort, denn ihre Sprache ist reich an Verneinungen. So soll es

Bilder rechte Seite: Störche findet man überall auf dem Land.
Unten: Für Kraniche genauso wie für Weißstörche sind die großen, zum Teil geschützten Moorgebiete, ein wahres Paradies.

Er hat ausgedient und wurde deshalb eingemottet: Eine Leninstatue.

möglich sein, Sätze mit sechs Verneinungen zu bilden, um eine Bejahung auszudrücken.

Die ersten in lettischer Sprache geschriebenen Bücher sind zwei Katechismen aus Wilna (Vilnius) und Königsberg. Sie stammen aus den Jahren 1585 und 1586. Als Schriftsprache gepflegt wurde das Lettische erst Mitte des 19. Jahrhunderts, als die Letten anfingen, sich als eigenes Volk zu begreifen.

Ein bedeutender Erforscher der lettischen Sprachkultur war der deutsch-baltische Pastor August Bielenstein (1826–1907). Unter seiner Leitung konstituierte sich die Lettisch-Literarische Gesellschaft, die mit ihrer Bildungsarbeit eine beachtliche Breitenwirkung entfaltete. Zur Staatssprache wurde Lettisch aber erst mit der Unabhängigkeitserklärung 1918.

Bis dahin war die Amtssprache erst Deutsch, dann Russisch. Während der Zugehörigkeit zur Sowjetunion drohte Lettisch zu einer Minderheitensprache zu werden. Seit dem 1. Mai 2004 ist Lettisch eine der Amtssprachen in der EU.

Der Weg in die Unabhängigkeit

In der zweiten Hälfte der 80er Jahre liberalisierte sich die Sowjetunion, und die Letten verstanden dies zu nutzen. Nachdem die Pläne für das Moskauer Staudammprojekt an der Daugava bekannt wurden, gründete sich 1987 der Umwelt- und Bürgerrechtsklub VAK. Aus ihm gingen die Nationale Unabhängigkeitsbewegung, die Volksfront und der Bürgerkongress hervor, die eine große Dynamik für die Souveränität Lettlands entwickelten.

Oben: das lettische Wappen, kunstvoll auf das Gesicht eines Jungen projeziert.
Nachfolgende Seite: Das Freiheitsdenkmal ist das zentrale Symbol des lettischen Unabhängigkeitswillens.

Ein bedeutendes Ereignis auf dem Weg in die Unabhängigkeit war auch der 46. Jahrestag der Deportationen von 1941, der 14. Juni 1987. 1941 waren Tausende Letten nach Sibirien verschleppt worden.

Die vor dem Jahrestag gegründete Menschenrechtsgruppe „Helsinki-86“ legte am Freiheitsdenkmal Blumen nieder – ein Akt des nationalen Mutes und des erwachten Selbstbewusstseins.

Den gewaltigsten Schub lieferte die 620 Kilometer lange Menschenkette von Tallinn nach Vilnius zum 50. Jahrestag der Unterzeichnung des Molotow-Ribbentrop-Paktes (auch Nichtangriffspakt oder Hitler-Stalin-Pakt) am 23. August 1989. Organisiert hatten die Aktion die drei Volksfronten der baltischen Länder.

Dieses Ereignis ist allen Letten so im Gedächtnis wie den Deutschen der Fall der Mauer. Zum ersten Mal konnten sie den Text dieses Abkommens lesen, in dem ihre Republiken dem Einflussgebiet der UdSSR zugeschanzt worden waren, während Hitler dafür freies Schussfeld für den Einmarsch in Polen bekam.

Ein großer Schritt auf dem Weg in die Souveränität waren die Wahlen zum Obersten Rat der Lettischen SSR, bei denen die Befürworter der Unabhängigkeit die Mehrheit gewannen. Der Rat verabschiedete am 4. Mai 1990 eine Deklaration, in der der Wille zur Wiederherstellung der Unabhängigkeit ausgedrückt und eine Übergangszeit bis zur „vollständigen Unabhängigkeit“ festgelegt wurde.

Damit konnten sich die militärischen Hardliner nicht abfinden. Mit Panzern, Tränengas und

VALSTS MĀKSLAS MUZEJS

Schüssen versuchten im Januar 1991 die prokommunistischen „Milizeinheiten für besondere Aufgaben“ (OMON) die rechtmäßig gewählte Macht zu stürzen. Bei ihrem Sturm auf das Innenministerium und die Radiostation wurden fünf Personen getötet, darunter zwei lettische Kameramänner.

Es folgten dramatische Tage und Nächte auf den Barrikaden, in denen sich Zehntausende, darunter auch viele Russen, vor das Parlament stellten, um die Regierung zu schützen. Der Dom wurde zum Lazarett, die OP-Bestecke lagen am Rand des Taufbeckens bereit.

Die Bewegung war nicht mehr aufzuhalten. Nachdem der Putsch in Moskau gescheitert war, nutzte das lettische Parlament die Gunst der Stunde: Es beschloss am 21. August 1991, die Übergangsphase sei abgeschlossen und Lettland ab sofort eine unabhängige Republik. Im September darauf erkannten neben den westlichen Demokratien auch Boris Jelzin für Russland und Michail Gorbatschow für die UdSSR die Eigenstaatlichkeit ohne Wenn und Aber an.

Schon bald kehrte Lettland als souveräner Staat in die internationale Völkergemeinschaft zurück. Es wurde 1991 in die UNO sowie in die OSZE aufgenommen und trat dem Europarat bei. Der Rubel wurde abgeschafft, die Vorkriegswährung ‚Lat' wiedereingeführt, Grund und Boden, die unter den Sowjets nationalisiert worden waren, den früheren Besitzern oder ihren Nachkommen zurückgegeben. Wie in allen postsozialistischen Ländern sind die Folgen der Restitutionsgesetze bis heute noch nicht überall sozial verträglich bewältigt.

Vorhergehend Seite: Der Eingang zum lettischen Nationalmuseum.
Unten: Mitten im Zentrum befindet sich die Residenz des Präsidenten.

Politik

Seit der ersten Sitzung des erneuerten Parlaments (Saeima) 1993 ist Lettland eine parlamentarische Republik. Die Beziehungen zu Russland sind angespannt, die zum Westen eng. Seit Mai 2004 ist Lettland Mitglied der EU, im Dezember 2007 trat es dem Schengener Abkommen bei. Innenpolitisch hat Lettland noch ein Demokratiedefizit. Die Parteienlandschaft ist von häufigen Abspaltungen, Neugründungen, losen Wahlbündnissen und Adhoc-Allianzen gekennzeichnet, in denen sich die Vertreter der politischen Elite gegenseitig und nicht uneigennützig die Posten zuschieben. Inzwischen ist die 14. Regierung seit 1990 am Ruder.

Immer wieder erschüttern Korruptionsskandale das Land, zuletzt im Oktober 2007, als der Ministerpräsident – ausgerechnet – den Direktor der Anti-Korruptionsbehörde entließ. Nach internationalem Druck wurde die Entscheidung wieder zurückgenommen.

Land und Bevölkerung

In Lettland leben heute weniger als 2,3 Millionen Menschen, also etwa soviel wie in Rom oder Wien. Das große demografische Problem: Diese Zahl sinkt stetig. Vor 20 Jahren wohnten noch 2,5 Millionen Menschen im Land, vor hundert Jahren sogar über drei Millionen. Dieser Bevölkerungsrückgang ist das Resultat von zwei Weltkriegen, Deportationen und einer demographischen Krise, die dadurch verschärft wird, dass seit dem Beitritt Lettlands in die EU jeden Monat etwa 1.000 junge

Das lettische Wappen ist hier in den Putz einer Hauswand eingearbeitet.

Mit Begeisterung wurde in ganz Lettland der Tag gefeiert, als das Land in die EU aufgenommen wurde.

und oftmals gut ausgebildete Menschen das Land verlassen, um in Westeuropa, bevorzugt in Irland, eine Arbeit anzunehmen.

Auf Grund der Arbeitsemigration und der niedrigen Geburtenraten steigt das Durchschnittsalter der Bevölkerung steil an. Die Kriegsverluste sowie die deutlich höhere Lebenserwartung der Frauen (durchschnittlich 77, Männer 66 Jahre) sorgen für eine erhebliches Ungleichgewicht der Geschlechter.

Wie es in Ländern mit kühlerem Klima oft der Fall ist, ist die Bevölkerungsdichte mit durchschnittlich 36 Menschen pro qkm sehr gering. Ein Drittel der Gesamtbevölkerung wohnt in der Hauptstadt Riga, die das alles dominierende Zentrum des Landes ist.

Die Landbevölkerung lebt nicht wie im westlichen Europa hauptsächlich in Dörfern, sondern in weit auseinander liegenden Einfamilienhöfen. Von ihnen gibt es etwa 100.000, viele von ihnen sind jahrhundertealt. Mit den großen Storchennestern auf den Dächern und den ausladenden Eichen auf den Feldern sind sie ein integraler und inzwischen steuerbegünstigter Teil der lettischen Landschaft.

Vor dem Zweiten Weltkrieg gab es mehr als dreimal so viele Höfe wie heute, sie wurden im Krieg oder im Zuge der Kollektivierung der Landwirtschaft zerstört. Diese isolierten Anwesen sind ein Erbe der Güterbewirtschaftung durch die frühere deutschbaltische Oberschicht und deren Enteignung in der Agrarreform von 1920. (vgl. Kapitel Kurland). Im Unterschied zu den Bauernhäuserm in Litauen sind die lettischen Höfe nicht bunt gestrichen, sondern das Holz naturbelassen und verwittert.

Ethnische Zusammensetzung

Bis Mitte des 17. Jahrhunderts war die ethnische Zusammensetzung mit einem Bevölkerungsanteil von 90 Prozent Letten recht homogen. Mit 5 Prozent Deutschbalten gab es eine kleine deutsche, meistens der herrschenden Schicht angehörende Bevölkerungsgruppe, einen sehr kleinen Anteil von Russen, Polen und Roma sowie eine stetig anhaltende Zuwanderung von Juden aus Russland, der Ukraine und Deutschland.

Die Massenzuwanderung von Russen begann ab Ende des 18. Jahrhunderts, als Zehntausende Altorthodoxe Schutz vor der zaristischen Verfol-

gung in Lettgallen (Latgale) suchten. Später, nach der Abschaffung der Leibeigenschaft, unterstützte der Zar den Landverkauf an Russisch-Orthodoxe in diesem Gebiet. Noch heute dominieren in zehn Landkreisen zwischen Rēzekne (Rositten) und Daugavpils (Dünaburg) die Nachkommen dieser Altimmigranten.

Die noch für eine lange Zeit am stärksten spürbare demographische Veränderung begann im Zweiten Weltkrieg und dauerte bis zur Wiedererlangung der Unabhängigkeit an. Als erstes verließen bei Beginn des Krieges und bei einer Nachumsiedlung Anfang 1941 knapp 70.000 Deutschbalten das Land. Kurz danach begannen die sowjetischen Besatzungstruppen mit den Massendeportationen nach Sibirien – 15.463 Menschen alleine an einem einzigen Tag, dem 14. Juni 1941. Danach folgte der Einmarsch von Wehrmacht und SS-Einsatzgruppen, die fast die gesamte jüdische Bevölkerung, das waren etwa 65.000 Menschen, ermordeten.

Etwa 15.000 Juden war es kurz vor dem Einmarsch noch gelungen, in die Sowjetunion zu fliehen. Ebenfalls getötet wurden etwa 2.000 Roma. Im Krieg, als Soldaten in der Roten Armee oder bei der Waffen-SS, aber auch im Widerstand und bei den Partisanen, starben etwa 150.000 Letten.

Russische Plattenbauten sind die weniger schönen Erinnerungen an den russischen Versuch, Hunderttausende Russen in Lettland anzusiedeln.

Gegen Ende des Krieges flohen etwa 200.000 Menschen aus Angst vor der sowjetischen Vergeltung und der Unterdrückung durch die Kommunisten nach Westeuropa, Australien, Kanada und in die USA. Nach der erneuten sowjetischen Okkupation 1944/45 fingen die Massendeportationen wieder an. Höhepunkt war der 25. März 1949. Alleine an diesem Tag wurden 43.000 Menschen ins Innere der Sowjetunion deportiert, um die Kollektivierung vorzubereiten.

Um den Verlust an Arbeitskräften auszugleichen, schob Moskau die Zuwanderung Hunderttausender Russen nach Lettland an. Dazu kamen noch die vielen Besatzungsbeamten sowie das Militär. In den Jahren der Lettischen Sozialistischen Sowjetrepublik (SSR) kamen mindestens 1,5 Millionen Immigranten ins Land, wovon die Hälfte blieb. So stieg der Anteil der russischen Bevölkerung von neun Prozent vor dem Krieg (168.000) auf 34 Prozent im Jahre 1989 (905.500) an. Dazu kamen noch etwa 15 Prozent Weißrussen, Ukrainer und andere früher in der Sowjetunion lebende Bevölkerungsgruppen – zusammen etwa 300.000 Zuzügler. In der gleichen Zeit sank der Anteil ethnischer Letten an der Bevölkerung von 80 auf etwa 52 Prozent (1.387.800) und wäre wohl weiter gefallen, wenn das Land nicht seine staatliche Souveränität wiedererlangt hätte.

So konnte das Rad zwar nicht zurückgedreht, aber doch gestoppt werden. Inzwischen hat sich

Oben: Das lettische Kriegerdenkmal steht außerhalb des Okkupationsmuseums in Riga.
Nachfolgende Doppelseite: Die damalige lettische Präsidentin Vaira Vike-Freiberga feiert gemeinsam mit der Bevölkerung den EU-Beitritt ihres Landes zum 1. Mai 2004 auf dem Domplatz in Riga.

der lettische Bevölkerungsanteil wegen des Abzugs der sowjetischen Beamten, der Abwanderung von zumeist russischstämmigen Juden überwiegend nach Israel (27.000) sowie des Zuzugs von Exil-Letten auf einen Mehrheitsanteil von 58 Prozent eingependelt (1.357.100 im Jahr 2005). Einen starken Zuwachs verzeichnet dank hoher Geburtenraten und liberaler Minderheitenpolitik nur die Gruppe der Roma. Ihre Zahl wird auf 8.500 geschätzt.

In der geographischen Verteilung der verschiedenen Volksgruppen gibt es deutliche Unterschiede. Die Letten dominieren stark auf dem Lande und in den kleinen Städten von Kurzeme und Vidzme. In Riga und den angrenzenden Kreisen leben, vor allem in den Plattenbauten aus der Sowjetzeit, mehrheitlich Russen, auch die jüdische Bevölkerung konzentriert sich in der Hauptstadt.

Im Ostteil des Landes gibt es Kreise, in denen die Letten eine deutliche Minderheit sind. In der zweitgrößten Stadt von Lettland, in Daugavilps, sind sie mit 14 Prozent eine marginalisierte Minderheit (s. S. 222) Hier wohnen traditionell auch die meisten Polen, Ukrainer und Weißrussen.

Bürger und Nichtbürger

Als das Land seine Unabhängigkeit wieder erlangte, wurde das Prinzip der ererbten Bürger-

Oben: Auf dem Markt der Hauptstadt Riga arbeiten Menschen der verschiedensten Nationalitäten. Nach getaner Arbeit macht man sich kurz frisch für den Rest des Tages. **Vorhergehende Doppelseite:** Skulpturen im Gauja-Nationalpark bei Turaida.

rechte angewandt. Alle Menschen, die vor 1940 Bürger der früheren Republik gewesen waren, erhielten automatisch die lettische Staatsbürgerschaft, auch ihre Nachkommen, gleich in welchem Land der Welt sie wohnten.

Alle Übrigen haben seit dem Einbürgerungsgesetz von 1995 die Wahl, entweder die Staatsbürgerschaft („Naturalisierung“) zu beantragen oder permanente Einwohner Lettlands ohne Staatsbürgerschaft („Nicht-Staatsbürger“) zu werden.

Die „Nicht-Staatsbürger-Pässe“ sehen seit kurzem genauso aus wie die der Naturalisierten. Seit 2007 dürfen ihre Inhaber auch ohne Visum für 90 Tage in die EU-Länder einreisen, allerdings keine Arbeit annehmen.

Bis auf das Recht zu wählen, besitzen sie die gleichen Rechte und den gleichen Schutz wie die Staatsbürger. Dennoch haben 17 Prozent der nichtlettischen Bevölkerung bis jetzt auf eine Einbürgerung verzichtet, teils aus Desinteresse, teils aus Protest. Ihr Widerstand richtet sich gegen den Basis-Sprachtest, den allerdings 95 Prozent aller Kandidaten auf Anhieb bestehen, und gegen das Multiple-Choice-Examen in lettischer Geschichte und Verfassung. Hier wird die Loyalitätsfrage gestellt, ob die sowjetische Besetzung eine „Okkupation“ gewesen sei oder ein von den Letten gerufener Beistand in schwierigen Zeiten.

Den größten Widerstand gegen das Einbürgerungs-Procedere gibt es in der traditionell roten, früher bedeutenden, heute marginalisierten Industrie- und Militärstadt Liepāja (Libau)

Riesige Felder wie dieses Rapsfeld sind noch ein Erbe der kollektiven Bewirtschaftung in großen Kolchosen.

an der Westküste. Von den dort lebenden Russen ließen sich bis 2002 nur 6.563 naturalisieren. 21.633 Russen beantragten die Nicht-Staatsbürgerschaft und 1.507 besaßen einen russischen Pass, den sie auch behalten wollten. Seit dem Anschluss an die Europäische Gemeinschaft verliert das Problem der Staatsbürgerschaftsregelungen aber an Brisanz. Inzwischen hat Lettland die höchsten Einbürgerungsraten der EU.

Noch nicht überwunden ist der Sprachenstreit. Das Bestreben des lettischen Staates, die lettische Staatsprache auch im täglichen Umgang als vorherrschende Sprache durchzusetzen, steht im Widerspruch zu dem Bestreben der russischen Minderheit, ihre kulturelle Identität, aber auch alte Privilegien zu bewahren. Während vier von fünf Letten Russisch sprechen – was sich in der nächsten Generation mit der Präferenz Englisch wohl ändern wird – sprachen 1991 nur 1,4 Prozent Russen Lettisch. Für großen Unmut bei der älteren Generation sorgten deshalb die 2004 erlassenen neuen Schulgesetze. Seitdem müssen auch in den 270 staatlich finanzierten russischen Lehranstalten mindestens 60 Prozent, seit 2008 sogar 100 Prozent des Unterrichts der höheren Klassen auf Lettisch abgehalten werden.

Wirtschaft

Von allen drei baltischen Republiken galt Lettland in der Sowjetzeit als die am meisten industrialisierte. Als mit der Wiedererlangung der Unabhängigkeit die engen Bindungen zu den anderen Sowjetrepubliken gelöst wurden, brach die

NOMNIEKU IZVIETOJUMS JĒKABA KAZARMĀS
I A I B I C II A II B II C III A III B III C
JĒKABA IELA
TORŅA IELA
SMILŠU IELA
Nomas jautājumos zvanīt 7210658
I A NĪDERLANDES KARALISTES VĒSTNIECĪBA I A
I B 2006 g. Pasaules čempionāta hokejā rīkošanas izpilddirekcija I B
I B FRANČU FRIZĒTAVA I B
I B RĪGAS BALZĀMS I B
I B DZINTARA GALERIJA I B
I B AAS "SEESAM LATVIA" I B
I C AIG Life I C
II C LATVIA WORLDWIDE II C
II C SIA "Baltkom TV SIA" II C
II C SOLEI II C
III A AMBER LINE III A
III A VICINI III A
III B FIZZES BĀRS III B
II A LIEPĀJAS PĀRSTĀVNIECĪBA RĪGĀ II A
I THE AMBER ROOM
III B SIA "YOUR RUN" III B
III C TORŅA APTIEKA III C
III C Jēkaba aģentūra III C
I B LATVIJAS-AMERIKAS FINANŠU FORUMS I B
I B SIA PRIBALT I B

Oben: Die lettische Form des Tante-Emma-Ladens: Kiosk, in dem man Autozubehörteile kaufen kann.
Links: Diese Tafel an einem modernen Bürogebäude in Riga verzeichnet internationale Firmen als Mieter.

Wirtschaft dramatisch ein. Von den früheren Großbetrieben haben nur die Rigaer Waggonfabrik (Rīgas vagonu rūpnīca) und ein Unternehmen für Radiotechnik (VEF Radiotehnika Fabrika) überlebt. Alleine die Schließung der „Staatlichen Elektronikfabrik“ im Norden der Stadt kostete 50.000 Arbeitsplätze.

Offiziell betrug die Arbeitslosigkeit im Juni 2007 6,5 Prozent. Die wirkliche Zahl festzustellen ist schwierig, weil viele Arbeitslose sich wegen der geringen staatlichen Unterstützung nicht registrieren lassen, sondern die Schwarzarbeit bevorzugen.

2004 gaben bei einer Umfrage der größten Tageszeitung Lettlands, der „Diena“, 51 Prozent der Befragten an, ihre materielle Lage hätte sich seit 1991 „erheblich“ verschlechtert. Umgekehrt sagten nur fünf Prozent, ihre materielle Lage hätte sich „erheblich“ verbessert.

Bis zum EU-Beitritt 2004 waren 98 Prozent der übrig gebliebenen staatlichen Betriebe privatisiert. Mit einem Beschäftigungsanteil von 11,9 Prozent im Jahr 2006 spielt die Industrie heute keine wichtige Rolle mehr, was auch daran liegt, dass Lettland als rohstoffarmes Land auf den Import von Energie angewiesen ist. Erzeugt werden vor allem Haushaltsgeräte und Textilien.

Den größten Anteil am Bruttoinlandsprodukt hat der Dienstleistungsbereich, in dem 70,2 Prozent aller Beschäftigten arbeiten. Seine wichtigs-

ten Branchen sind der Handel, der Tourismus sowie Transport und Telekommunikation.

Eine große Bedeutung hat die Landwirtschafts- und Lebensmittelproduktion, die heute zu 100 Prozent in privater Hand ist. Der Anteil der in der Landwirtschaft beschäftigten Personen ist mit 12,5 Prozent hoch, auch die landwirtschaftliche Nutzfläche ist mit 38,5 Prozent höher als in Westeuropa.

Die Summe der ausländischen Direktinvestitionen belief sich bis Jahresmitte 2004 auf 3,1 Milliarden Euro. Etwa 15 Prozent (435 Millionen Euro) kommen aus Deutschland, der Löwenanteil von der Bank Nord/LB, die in Lettland eine eigene Tochter führt. Das dramatischste Problem seit 2007 ist die ständig steigende Inflation, die mit einem Jahresmittel von 11 Prozent doppelt so hoch ist wie in Estland und Litauen. Zwar wächst die Wirtschaft ständig, doch das Wachstum ist nicht nachhaltig. Es fußt auf den wahnwitzigen Preisspekulationen bei Immobilien und Bauland sowie auf einem mit Krediten finanzierten Konsumgüterimport.

Im Dezember 2007 wuchsen die Importe, trotz der Notbremse Kreditrestriktion, um weitere 10 Prozent, während die Exporte auf 3,5 Prozent sanken. In Zahlen: Das Bruttoinlandsprodukt (BIP) stieg 2007 um mehr als 10 Prozent, aber das Leistungsbilanzdefizit schnellte auf 20 Prozent des BIP.

Damit ist die lettische Leistungsbilanz die schlechteste von ganz Europa mit der höchsten Inflation. Sie wird angeheizt durch die explodierenden Preise für Energie, Lebensmittel und die Instandhaltungskosten im Immobilienbereich. 2005 lag das offizielle Durchschnittseinkommen

Vorhergehende Seite: Lettlands Industrie hat am meisten unter der Loslösung von Russland zu leiden gehabt.
Unten: Auf dem zentralen Markt in Riga sorgen neben den etablierten Händlern auch Privatleute mit dem Verkauf von selbstangebauten Früchten und Gemüse für eine gute Versorgung mit Lebensmitteln.

bei 355 Euro im Monat, für das Jahr 2007 rechnet das Wirtschaftsministerium mit etwa 800 Euro. Bei den großen Preis- und Lohnunterschieden, die es in Lettland zwischen Stadt und Land einerseits und den verschiedenen Beschäftigungsgruppen andererseits gibt, sind diese Zahlen aber nur bedingt aussagekräftig.

Viele Arbeitnehmer haben drei oder vier Jobs, um über die Runden zu kommen, besonders schlecht bezahlt wird immer noch der öffentliche Dienst. Die staatlich gewährte Mindestrente, die zur Zeit nur jene Rentner erhalten, die ihr ganzes Berufsleben in der lettischen SSR verbracht haben, betrug im Sommer 2007 genau 101,04 Lat, das sind etwa 135 Euro.

Dieser Betrag liegt unterhalb des staatlich festgestellten Existenzminimums von 170 Euro. Die Rentner sind die größten Verlierer im modernen Lettland, sie müssen quasi bis zu ihrem letzten Atemzug noch Geld verdienen. Das glückt nicht allen. Die vielen alten Frauen, die überall in Riga stehen, um ihre paar Gartenblümchen zu verkaufen, sind selbst vom flüchtigsten Touristen nicht zu übersehen.

Lettland besitzt mit 51.800 Kilometern ein gut ausgebautes Straßennetz. Statistisch hat jeder dritte Einwohner ein Auto. In Riga bricht jeden Tag der Verkehr im Stau zusammen, obwohl es ein dichtes Bus- und Straßenbahnsystem gibt. Das Eisenbahnnetz in russischer Breitspur umfasst 2.270 Kilometer, elektrifiziert sind aber nur 257 Kilometer. Den Hauptteil des Personenfernverkehrs übernehmen die Überlandbusse. Es gibt drei Flugplätze, aber nur Riga und Liepāja werden aus Deutschland angeflogen. Die wichtigste Fluglinie ist Air Baltic, die ihren Hauptsitz in Riga hat.

Die großen Hallen des zentralen Marktes in Riga sind aus alten Zeppelinhallen konstruiert.

Chorgesang und Liederfeste sind ein unveräußerlicher Bestandteil des lettischen nationalen Selbstbewusstseins.

Kultur und Gesellschaft

Sprache und Kultur haben in Lettland, wie auch in den baltischen Nachbarländern, immer etwas mit Volks- bzw. nationalem Bewusstsein und dem Kampf für die Freiheit zu tun. Vor allem in der Musik wurde die Sehnsucht nach Selbstbestimmung und die Liebe zur Heimat ausgedrückt. Nicht umsonst sagt man, die Balten hätten ihre Unabhängigkeit mit einer „singenden Revolution" erstritten.

Der aus Riga stammende, international berühmte Geiger Gidon Kremer schreibt in seiner Biografie „Kindheitssplitter", während der Sowjetbesatzung sei die Musik das „vertonte Gewissen" gewesen. In den Okkupationsjahren entstanden die eindrucksvollsten Oratorien, deren eigentliches Thema das Leiden Lettlands ist. Das im Sommer 1944 geschriebene Requiem von Andrejs Eglitis „Dievs, tava zeme deg" (Herr, Dein Land brennt) war bis zur Eigenstaatlichkeit verboten, der Besitz der Noten und Texte galt in der Lettischen SSR als Straftatbestand.

Der bekannteste moderne Komponist heißt Pēteris Vasks (geb. 1946). Er schrieb Anfang 1991, während in Riga die sowjetischen Panzer in Stellung gebracht wurden, seine inzwischen international vielfach eingespielte Sinfonie für Violine und Streichorchester „Tālā gaisma" (Fernes Licht).

Eine lange Tradition hat der Chorgesang. Viele moderne Komponisten arbeiten für dieses Genre, das wie in Estland und Litauen eine hochentwickelte Kunstform ist.

Oben: Bei den nationalen Sängerfesten sind Groß und Klein mit Begeisterung dabei.
Nachfolgende Seite: Die Musikbegeisterung der Letten hört nicht beim Gesang auf, in Riga gibt es auch viele Straßenmusikeer

Die Sängerfeste

Besonders monumental zeigt sich die Chorbegeisterung bei den „Nationalen Sängerfesten". Sie finden in Riga alle fünf Jahre statt, zuletzt im Jahr 2008. Sie sind das Erbe aus der Zeit des „Nationalen Erwachens" im ausgehenden 19. Jahrhundert, als die sogenannten „Jungletten" begannen, die Dominanz deutscher und russischer Kultur abzuschütteln und für das lettische Volk nationale und Bürgerrechte zu fordern.

Das erste Nationale Sängerfest hieß noch „Liederfest" und fand 1869 in Dorpat (estn. Tartu) statt, das damals zur russischen Provinz Livland gehörte, heute aber estnisch ist. In Riga organisierten die „Jungletten" zum erstenmal 1873 ein solches fest, Litauen zog erst im Jahr 1924 nach.

Höhepunkt des ersten Nationalen Sängerfestes (damals „Liederfest") war die Uraufführung der von Karlis Baumanis (1834–1904) komponierten heutigen Nationalhymne „Dievs, svētī Latviju" (Gott segne Lettland).

Der von Baumanis verwendete Begriff „Latvija" war neu und diente zur Bezeichnung aller von Letten bewohnten Gebiete. Der Zar deutete das Wort „Lativija" als Forderung nach einer nationalen Eigenständigkeit und verbot das Lied. Es durfte erst wieder gesungen werden, als „Latvija" durch die allgemeine Bezeichnung „Baltija" ersetzt worden war.

Nach der Proklamation der Republik Lettland im November 1918 wurde das Lied zur Nationalhymne. Es wurde später in der Lettischen SSR verboten, aber dennoch heimlich gesungen.

cn

yet another production
in conjunction with URBANIA!
PIEDĀVĀ
TV24
DŽEIMSS
BRAUNS
JAMES BROWN
28.JŪLIJĀ
ARĒNĀ RĪGA
BIĻEŠU IEPRIEKŠPĀRDOŠANA
WWW.BILESUSERVISS.LV
+371 7105220
LNT
printhouse
PILSĒTAS LĪNIJAS
CLEARCHANNEL
FLEXPRO
BERGS

Auch in der Sowjetzeit feierte man die Sängerfeste, auch wenn die Obrigkeit sie, wie 1961, sogar verbieten lassen wollte. Für das Festival zur 100-Jahrfeier 1973 baute man im Stadtpark Mežaparks (Kaiserwald) sogar eine eigene Freilichtbühne.

Alle Versuche der kommunistischen Partei, die Sängerfeste in klingende Manifestationen für den Sozialismus umzubiegen, scheiterten; für die Letten blieben sie ein Symbol der nationalen Einigkeit und mentalen Eigenart.

Als 1993 das erste Festival im unabhängigen Lettland stattfand, beteiligten sich über 300 Chöre mit etwa 35.000 Sängern, 538 Tanz- und Folkloregruppen, 57 Blaskapellen, drei Sinfonieorchester und ein Kammerorchester.

Auf den Festivals werden Chöre aller Musikrichtungen präsentiert, das Spektrum reicht von der traditionellsten Volksmusik bis zu polyphonen Experimenten. Die Sängerfeste, so wird gerne gesagt, seien in ihrer Vielfalt eine musikalische Enzyklopädie des Volksbewusstseins.

Weltkulturerbe Dainas

Die ursprüngliche Grundlage der lettischen Volksmusik sind die „Dainas", inzwischen sind sie von der UNESCO zum „Erbe der Menschheit" erklärt worden. Die Ursprünge der Dainas liegen im Dunkeln, jedenfalls sind sie lange vor der Christianisierung im 13. Jahrhundert zu suchen.

Sie sind eine mündlich überlieferte literarische und ästhetische Kunstform mit festen Regeln. Der überwiegende Teil wird von Frauen erdacht und gepflegt worden sein, in den Liedern wird auch größtenteils die Welt aus der Sicht der Frauen dargestellt.

Die Texte sind nach strikten Formprinzipien ausgearbeitet und haben in der Regel vier Zeilen. In hochsymbolisierter Form werden in ihnen alle Aspekte des menschlichen Lebens behandelt wie Geburt, Tod, die Arbeit, die Gutsbesitzer, der Krieg, die Jahreszeiten sowie die kosmisch-mythologischen Themen wie Himmelsgötter und die Mächte der Unterwelt.

Dazu gibt es noch besondere Lieder, die nur zu bestimmten Ereignissen und in einem ritualisierten Ablauf gesungen werden; zum Beispiel zur Hochzeit, zur Taufe, zum Johannisfest im Mittsommer. Bei Beerdigungen wird mit besonders magischen Texten eine Grenze zwischen den Welten der Toten und Lebenden aufgebaut, damit der Gestorbene die Lebenden nicht behelligen kann.

Alle diese Vierzeiler sind in sich geschlossene Miniaturen und kaum übersetzbar, sie sind, wie Volkskundler sagen, Bilder der lettischen Seele.

Es gibt zum Beispiel keine Klagelieder. In den Dainas wird deshalb auch nicht die Trauer thematisiert, sondern sie sollen das aus den Fugen geratene emotionale Gleichgewicht wiederherstellen.

Die poetisch feinsten Lieder sind die Waisenlieder. In ihnen werden die Leiden von elternlosen Kindern symbolisiert. Die Mutter wird mit der Sonne verglichen, der Verlust der Mutter ist deshalb der Verlust von Wärme und Licht. Die Tränen der Kinder verwandeln sich ebenfalls in Naturelemente, in glänzende Tautropfen oder glitzernden Regen.

Bis Mitte des 19. Jahrhunderts haben nur Nicht-Letten die Dainas schriftlich dokumentiert. Der erste war der Philosoph Johann Gottfried Herder, der sich während seiner Lehrtätigkeit an der Rigaer Domschule (1765–1769) für die

Oben: Im Skulpturenpark in Turaida, der ganz Baronis gewidmet ist, finden jährlich große festliche Folklore-Veranstaltungen statt.
Vorhergehende Seite: Aber nicht nur für Folklore können sich die Letten begeistern, auch moderne Popmusik wird gerne gehört.

Volksdichtung interessierte und 12 Dainas für sein Werk „Stimmen der Völker in Liedern" (1807) übersetzte.

Wer das sagt, der lügt,
Dass die Sonne nachts schläft;
Geht die Sonne dort auf,
Wo sie abends untergeht?

Mit steigender Bildung fingen auch die Letten Mitte des 19. Jahrhunderts an, sich für die eigene nationale Kultur zu interessieren. Die Hauptbeschäftigung der „Jungletten" in der Zeit des „Nationalen Erwachens" war das Sammeln und Veröffentlichen der Volkslieder. Herausragend ist die Arbeit von Krišjanis Barons (1835-1923), der sein halbes Leben der Zusammenstellung und Systematisierung der Dainas widmete.

Er publizierte in sechs Bänden 217.996 Volkslieder. Seine Abschriften werden im „Archiv für lettische Folklore" in einem nach Barons' Entwurf eigens angefertigten Archivschrank aufbewahrt. Er wird im Volksmund der „Daina skapis", der „Daina-Schrank" genannt.

In Turaida, am Ufer der Gauja in der Livländischen Schweiz, gibt es einen Skulpturenpark, der Baronis gewidmet ist und in Riga trägt eine der zentralen Straßen seinen Namen. Die

Melodien schrieb Barons Zeitgenosse, der Komponist Emilis Melngailis nieder. Unermüdlich zog er durch das Land, um die traditionellen Lieder in Noten zu setzen und der Öffentlichkeit zugänglich zu machen.

Das Folklore-Archiv führt die Sammlung weiter und besitzt heute etwa 1,2 Millionen Lieder, das sind etwas weniger, als Lettland Einwohner hat.

„Diese Lieder zu singen, ist die Grundlage der lettischen Identität“, schreibt die frühere lettische Staatspräsidentin und Daina-Expertin Vaira Vike-Freiberga in einer wissenschaftlichen Veröffentlichung, „und sie zu singen wird zu einem identifizierbaren Merkmal eines Letten“.

Literatur

Seit der Ära des „Nationalen Erwachens“ gibt es eine selbstständige, bewusst nationale lettische Literatur. Bis dahin lag die Pflege der Literatur fast völlig bei den deutschbaltischen Geistlichen.

Kurz bevor Barons seine Dainas publizierte, schrieb der Landvermessergehilfe Andrejs Pūmpūrs (1841–1902) „Lāčplēšis“, das große nationale und auf alten Volkssagen basierende Epos in sechs Gesängen.

Es ist die Geschichte eines Bärentöters, der alle Feinde Lettlands besiegt, aber beim letzten Kampf in den Fluten der Daugava (Düna) untergeht. Der letzte Vers lautet: „Wenn er (der

Ein kleines Museum gegenüber vom Präsidentenpalast hat sich der lettischen Kultur verschrieben.

Bärentöter) seinen Feind im Abgrund ertränken wird, dann werden neue Zeiten für das Volk erblühen, dann wird es frei sein."

Das größte Werk dieser Zeit schufen Jānis Rainis (1865–1929) und seine Frau Aspāzija (Else Rosenberg, 1865–1943). Wie keine anderen Schriftsteller erfassten sie das lettische Lebensgefühl, die Sehnsucht nach Freiheit und Selbstbestimmung. In ihren Versdramen und Gedichten stellten sie den Anschluss an die westliche Literatur her und Jānis Rainis übersetzte Goethes Faust in Lettische.

Als Beteiligte des niedergeschlagenen Aufstandes von 1905 (s. S. 195) flohen sie in die Schweiz. Nach Ausrufung der lettischen Republik 1918 kehrten sie zurück und Jānis Rainis wurde 1920 ihr erster Bildungsminister.

Auch die „Jungletten", Krisjānis Valdemars (Christian Woldemar, 1825–1891) und Rudolf Blaumanis (1863–1908) spielten sowohl in der Dichtung als auch in der Politik eine Rolle.

In letzter Zeit macht eine neue junge lettische Literatur von sich reden. Ins Deutsche übersetzt worden sind kürzlich die Romane von Dace Rukšāne (geb. 1969), die in einer für Lettland ungewöhnlich sexualisierten Sprache die moralische Orientierungslosigkeit der Post-Sowjet-Generation thematisiert.

Nachfolgende Seite: Im Badeort Majorii, 15 Kilometer von Riga entfernt an der lettischen Ostseeküste findet man das ehemalige Landhaus des Schriftstellers Rainis und seiner Ehefau, der Schriftstellerin Aspāzija; heute beherbergt das Haus ein Museum.
Unten: Wie in vielen Großstädten bieten auch in Riga Künstler ihre Werke auf zentralen Plätzen an.

Deutschbaltische Kultur

Seit einigen Jahren rückt langsam auch das deutschbaltische Kulturerbe ins lettische Gedächtnis. In den Zwischenkriegsjahren mit ihren vielen nationalen, politischen und ethnischen Konflikten untereinander und vor allem während der 47 Jahre Sowjetzeit war völlig vergessen worden, dass es nicht nur deutsche Kreuzritter, Großgrundbesitzer und Nationalsozialisten gegeben hat, sondern auch Humanisten und Aufklärer.

So basiert die lettische Geschichtsschreibung auf den Arbeiten des deutschbaltischen Pastorensohns und Publizisten Garlieb Helwig Merkel (1769–1850). Entsetzt über das Elend der Landbevölkerung schrieb er das Buch „Die Letten, vorzüglich in Liefland, am Ende des philosophischen Jahrzehnts“. Es konnte 1796 nur in Leipzig erscheinen und wurde später in der Zeit des „Nationalen Erwachens“ als Raubdruck verbreitet. In Riga bemüht sich der lettisch-deutsche Kulturverein „Domus Rigensis“ das deutschbaltische Erbe zu bewahren und auch in der Universität spielt seine Literatur wieder eine kleine Rolle.

Namen wie die der Schriftsteller Jakob Michael Lenz (1751-1792), August von Kotzebue (1761 bis 1819), Eduard Graf Keyserling (1855–1918), Siegfried von Vegesack (1888–1974), Werner Bergengruen (1882–1964) oder Gertrud von dem Brincken (1882–1982), des Philosophen Hermann Graf Keyserling (1880–1946), oder der Malerin Ida von Kerkovius (1879–1970) sind bei gebildeten Letten nicht mehr völlig unbekannt.

Folklore-Gruppen wie diese Frauen in der Tracht der Suitu Sievas könnten bald Nachwuchssorgen bekommen, da viele junge Leute wegen der besseren Verdienstmöglichkeiten ins Ausland abwandern.

Metropole Riga

Die lettische Hauptstadt Riga gehört zur Region Vidzeme (Livland). Sie hat etwa 730.000 Einwohner, 55,4 Prozent von ihnen sind Frauen. Weitere 150.000 Menschen wohnen in den umliegenden Schlafstädten (Zensus von 2005).

Die Bevölkerungszahl ist seit 1991 um etwa 180.000 gesunken, weil viele Russen abgewandert und viele jungen Letten seit dem EU-Beitritt in westeuropäische Länder gezogen sind. Dennoch ist Riga die mit Abstand größte Stadt im baltischen Raum und neben Kopenhagen, Stockholm, Helsinki und St. Petersburg eine der Metropolen des Baltischen Meeres.

Laut der letzten offiziellen Statistik aus dem Jahre 2004 ist der Anteil der ethnischen Letten mit 41,5 Prozent niedriger als der Anteil der Russen mit 43,5 Prozent. Hinzu kommen Weißrussen (4,6), Ukrainer (4,1), Polen (2,1) und Angehörige anderer Volksgruppen, darunter 0,2 Prozent Deutsche.

Die Gesamtfläche von Riga umfasst 307,12 qkm. Davon sind 67.00 qkm Wohngebiete, 52,45 Industriegebiete, 24,64 qkm Straßen, 57,54 qkm

Nachfolgende Seite: Wie kommt die Katze, die doch stark an die Bremer Stadtmusikanten erinnert, auf das Dach? Riga pflegte als Mitglied der Hanse regen Kontakt auch zur Hansestadt Bremen! **Unten:** Blick über die Daugava auf den Präsidentenpalast.

Oben: Blick von der Plattform der St.-Peter-Kirche auf die Hallen des zentralen Marktes von Riga. **Vorhergehende Seite:** Von der in 72 Metern Höhe gelegenen Aussichtsplattform der St.-Peter-Kirche hat man einen wunderbaren Blick über das Stadtzentrum.

Parks und 48,50 qkm Wasserläufe und Stadtseen. Der größte Teil der Stadt liegt am rechten Ufer der fast einen ganzen Kilometer breiten Daugava (Düna).

Im Fluss liegen einige langgestreckte Inseln, die teilweise bebaut sind. Die Daugava fließt 15 Kilometer weiter nördlich in die Bucht von Riga. Administrativ ist die Stadt in sechs Bezirke unterteilt. Deutsche Partnerstädte sind Rostock und Bremen.

Riga ist deutlich in eine Alt- und Neustadt unterteilt. Die heute wunderschön restaurierte Altstadt (Vēcriga) mit ihren mittelalterlichen und klassizistischen Häusern, den hohen Giebelspeichern und gotischen Kirchen, ist ein klar definierter Bereich am Ostufer der Daugava. Dieser Teil ist knapp 1,5 Kilometer lang und nur 500 Meter breit.

Die gesamte Altstadt ist von einem schmalen Kanal, dem früheren Festungsgraben, und von im Halbkreis angelegten Parks im Norden und Westen umgeben. Südlich wird die Altstadt durch den Eisenbahnring begrenzt. An ihm befindet sich das Verkehrszentrum der Stadt, der Busbahnhof und in unmittelbarer Nachbarschaft der Hauptbahnhof. Unübersehbar sind hier die sechs großen in den 20er-Jahren des vergangenen Jahrhunderts errichteten Hallen des Zentralmarkts.

Nordöstlich und westlich der Altstadt, hinter dem Stadtkanal, den kunstvoll angelegten Parks und dem breiten Boulevard-Ring, an dem sich die Botschaften entlang reihen, beginnt die Neustadt (Jaunā-Rīga), ein Wohnviertel, das in der zweiten Hälfte des 19. und zu Beginn des 20. Jahrhunderts entstand.

Kleine und Große Gilde im Zentrum von Riga.

Die Stadt erstreckt sich noch ein gutes Stück landeinwärts entlang der Daugava. Im Norden, Richtung Stintsee (Kisezers), im Kaiserwald (Mežaparks) liegt die sogenannte Gartenstadt, ein Villenensemble aus der Jahrhundertwende, heute unterbrochen durch Wohnblocks aus den fünfziger Jahren.

Vor allem im Süden gibt es weite Industrie- und Wohnviertel. Die Altstadt, die alte Neustadt, sowie die Holzhäuser aus dem 18. und 19. Jahrhundert im Stadtteil Pardaugava (Hagensberg) links der Daugava, sind von der UNESCO zum Weltkulturerbe erklärt worden.

Drei große Brücken im Zentrum verbinden den Ost- mit dem Westteil der Stadt. Gegenüber der Stadt liegt die Insel Kipsala, die noch weitgehend industriell genutzt wird, sich aber wegen ihres herrlichen Blicks auf Riga zu einem der begehrtesten Wohnviertel der Stadt entwickelt.

Kreuzritter, Kaufleute, Kriege

Der Bremer Domherr Bischof Albert von Buxhoeveden erwirkte im Jahre 1201 die Gründung von Riga und das Recht der Deutschen, in Gotland zu siedeln. Somit ist Riga etwas jünger als Lübeck (1158), aber älter als Königsberg, Danzig und alle anderen Städte an der Ostsee. Sie entwickelte sich rasch zum Ausgangspunkt für die christliche Mission und wurde nach der Eroberung von Livland dessen Haupstadt.

Die bedeutendsten architektonischen Zeichen dieser Zeit sind die St.-Petri-Kirche, die der Bischof 1209 errichten ließ und die im 15.

Jahrhundert als sehr schöner gotischer Bau neu entstand, der große Dom (ab 1209) mit den Kreuzgang des ehemaligen Klosters und die Reste der St.- Georgs-Kirche, die dem livländischen Schwertbrüderorden gehörte. Sie liegen im früheren Convent zum Heiligen Geist (Konvent), heute ein Hotelensemble, das in seiner Anlage den alten Grundrissen nachempfunden ist.

Gegen Ende des 13. Jahrhunderts übernahm die Stadt das Hamburgische Recht, es wurde weiter entwickelt und als Rigaisches Recht später auf 17 weitere livländische Städte übertragen. Als Handelsplatz erlangte Riga bald eine große Bedeutung und war wichtigster Brückenkopf der Kaufleute aus dem Westen für den Rohstoffhandel mit den russischen Märkten im Osten. 1282 wurde Riga Mitglied der Hanse und vertrat alle livländischen Hansestädte in den Fragen des Handels.

Der bedeutendste Profanbau aus dieser Epoche ist das Schwarzhäupterhaus, das kurz nach 1330 von der Stadt für die Gilden erbaut wurde. Im Zweiten Weltkrieg, bei der Einnahme von Riga am 29. Juni 1941 durch deutsche Truppen, wurde der Bau irreparabel zerstört, die Reste 1948 gesprengt. Zur Vorbereitung der 800-Jahrfeier wurde das Gebäude innerhalb von sieben Jahren originalgetreu rekonstruiert.

Die Geschichte von Riga ist auch eine Geschichte von Kriegen. Erst gab es blutige Machtstreitigkeiten zwischen dem zum Erzstift erhobenen Bistum von Riga und dem Deutschen Orden, der an die Stelle des 1236 von den Litauern vernichtend geschlagenen Schwertbrüderordens getreten war. Riga gehörte zu den ersten Städten, welche die Lehre Luthers annahmen.

Das alte Schwedentor ist einer der letzten Reste der mittelalterlichen Stadtmauer.

Ein erstes Sendschreiben an die Evangelischen in Riga richtete der Reformator im Jahre 1523. Ein Jahr später widmete er den „Christen zu Rigen ynn Liffland" seine Auslegung des 27. Psalms.

Als Mitte des 16. Jahrhunderts der mittelalterliche livländische Ordensstaat nach den Kämpfen gegen Zar Iwan IV. (den Schrecklichen) zerfiel, gelang es der Stadt nur noch 20 Jahre ihre Selbstständigkeit zu wahren. 1582 unterwarf sie sich dem Königreich Polen-Litauen, durfte aber evangelisch bleiben.

Im Jahre 1621 zog Gustav Adolf von Schweden in Riga ein, das unter seiner Herrschaft zur größten und reichsten Stadt Schwedens wurde. Der „Große Nordische Krieg" beendete die Vorherrschaft Schwedens im gesamten Ostseeraum, Riga kapitulierte nach schweren Zerstörungen im Jahre 1710. Von der alten Stadtmauer ist nur noch ein Tor übrig geblieben, das sogenannte „Schwedentor" (1698) und ein Teil der Befestigung, der Pulverturm.

Die Zugehörigkeit zu Russland brachte eine lange Periode friedlicher Entwicklung, die nur 1812 unterbrochen wurde, als beim Nahen der nach Moskau marschierenden Truppen Napoleons die Vorstädte mit ihren Holzhäusern abgebrannt wurden.

Im 19. Jahrhundert war Riga neben St. Petersburg und Odessa Russlands wichtigste Hafen- und Handelsstadt. Die Industrie wuchs mächtig an und der Zar erkor sie zur Hauptstadt des Ostseegouvernements. Auch Kultur und Wissenschaft erreichten höchstes Niveau. In Riga entstand Karl August von Hardenbergs „Denk-

Nachfolgende Doppelseite: Der zentrale Platz in Riga ist der Platz vor dem Rathaus mit dem Roland-Standbild.
Unten: Aus der Formensprache des Jugendstils entwickelte sich später der lettische „Nationale Romantismus".

BĀRS
RĪGAS BALZAMS

BAUSKAS ALUS
BAUSKAS ALUS

1-131
AKVA PLUSS

WiFi 100m
Jūs atrodaties bezvadu interneta
pārklājuma zonā.
lieto šeit!

Oben: Ein Rest der alten Stadtmauer.
Vorhergehende Doppelseite: Rigas Stadtzentrum weist die Stadt als moderne europäische Metropole aus.

schrift zur Reorganisation des preußischen Staates“ (1807).

Das Rigaer Theater erlebte unter Karl von Holtei eine erste Blütezeit; in der Rigaer Oper dirigierte Richard Wagner. An der Universität forschte der Rigenser Wilhelm Ostwald, der für seine Arbeiten 1909 den Nobelpreis für Chemie erhielt. Die Sprache der Wissenschaft und die Amtssprache blieb bis zur Russifizierung 1889 Deutsch. Bis dahin galt auch die alte deutsche Ratsverfassung, in der die drei Stände Rat, Kaufmanns- und Handwerkergilde die Bürgerschaft vertraten.

Die Einwohnerzahl verdreifachte sich von 1860 (75.000) bis 1897 (255.879) und verdoppelte sich ein weiteres Mal bis 1913 (517.000). Wie vielsprachig die Stadt damals war, zeigt die Statistik von 1913. 39,6 Prozent der Einwohner gaben Lettisch als ihre Muttersprache an, 21,2 Prozent Russisch, 16,7 Prozent Deutsch, 7,54 Prozent Polnisch, 5,5 Prozent Litauisch, 4,5 Prozent Jiddisch und 1,4 Prozent Estnisch.

Hauptstadt des Jugendstils

Der Reichtum der Gründerjahre zeigte sich in einer neuen ornamentalen Art zu bauen. Riga wurde zu einer Hauptstadt des Jugendstils. In der Neustadt, nördlich des Boulevard-Ringes, gibt es mindestens 800 Häuser mit gebogenen, geschlängelten, serpentinenartigen, schwebenden Linien, Ornamenten aus stilisierten Zierpflanzen, Kreisen und geometrischen Figuren und spektakulären Plastiken über Türen, Fenstern und Dächern. Einer der berühmtesten Architekten dieser Zeit ist Michail Eisenstein (1867–1921), der Vater des großen sowjetischen Filmregisseurs Sergej Eisenstein.

Oben: Unter dem Freiheitsdenkmal pulsiert das geschäftige Leben Rigas. **Nachfolgende Seite:** Viele ältere Frauen bessern ihre karge Rente auf, indem sie Selbstgehäkeltes, Blumen oder Andenken verkaufen.

Alleine in der Alberta iela (Albertstraße) stammen fünf Häuser von ihm. Hier gibt es an den Fassaden Löwen, geflügelte Ungeheuer, seltsame Sphinxe, träumerische nackte Frauengestalten, komplizierte Formen und Proportionen der Fenster, glasierte Verputzziegel und keramische Platten unterschiedlichster Art und Farbe.

Im Unterschied zu der harmonischen Boulevardbebauung übertrumpft in der Alberta iela jeder Bau das Nachbarhaus durch Pracht und Originalität.

Während die russischen Architekten um die Jahrhundertwende den Jugendstil favorisierten, entwickelte sich im Zuge des „Nationalen Erwachens“ eine eigene lettische Formensprache, die mit dem Begriff „Nationaler Romantismus“ präzise beschrieben wird. Auch die deutschbaltischen Architekten hingen diesem Stil überwiegend an. Sie verzichteten auf Stuckverzierungen und Marmorimitate, sondern verwendeten bei der Gestaltung der Oberflächen nur natürliche Materialien wie Granit in verschiedenen Farben, Kalk- und Tuffstein sowie rote Ziegel. Der prominenteste Vertreter dieser Richtung ist Eizens Laube, der in der Innenstadt 83 mehrstöckige Wohn- und öffentliche Gebäude baute, allein in der Lāčplēša iela (Bärentöterstraße) eine ganze Front.

Riga im 20. Jahrhundert

Der Aufstieg Rigas wurde durch den Ersten Weltkrieg jäh unterbrochen. Die Stadt lag an der Frontlinie und zur Sicherstellung der russischen Kriegswirtschaft wurden 200.000 Einwohner in die Rüstungsschmieden nach Zentralrussland abtransportiert. Der Krieg endete mit der Aus-

VALUTAS MAI
CURRENCY EXCHA GE
NO COMMISSIO
GBP

rufung der unabhängigen Republik Lettland am 18. November 1918, war aber beileibe nicht das Ende aller Kämpfe.

Gleich nach der Souveränitätserklärung besetzten bolschewistische Truppen die Stadt und diese wiederum wurden im Mai 1919 von deutschen und antisowjetischem Truppen, die von den Alliierten unterstützt wurden, aus der Stadt vertrieben. Die „Befreiung" Rigas rettete etwa 18.000 Gefangenen das Leben. Viele Gebäude waren zerstört.

Riga erholte sich, es begann eine neue, aber kurze Blütezeit. 1935 zählte Riga 385.000 Einwohner, mit 63 Prozent zum erstenmal seit 1201 auch mehr ethnische Letten als Angehörige anderer Nationen. Die Statistik nennt 11 Prozent Juden, 10 Prozent Deutschbalten, 9 Prozent Russen und 4 Prozent Polen.

Der Aufstieg der Nationalsozialisten in Deutschland und die chauvinistische, auf ein autoritär-diktatorisches Regime zielende Stimmung in Lettland vergiftete spätestens ab Ende 1933 das bis dahin liberale Klima. Die von der nationalradikalen extremistischen Bewegung Perkonkrusts („Donnerkreuz") ausgelösten Unruhen in Riga nahm der Ministerpräsident Karlis Ulmanis zum Anlass, im Mai 1934 den Ausnahmezustand zu verhängen.

Er löste das Parlament auf, suspendierte die Verfassung, hob die Kulturautonomie der Minderheiten auf und lettisierte die Wirtschaft, indem er deutsche und jüdische Firmen in die Zwangsliquidierung trieb. Auf den Straßen erreichte die minderheitenfeindliche Stimmung („Lettland den Letten") 1936 einen Höhepunkt mit der Einweihung des selbst unter Letten lang umstrittenen Freiheitsdenkmals in Riga.

Nach dem Hitler-Stalin-Pakt, der das kleine Lettland 1939 der sowjetischen Einflusssphäre zugeschlagen hatte, verließen mit der „Umsiedlung" die Deutschbalten das Land – alleine in Riga etwa 20.000 Menschen. Ganze Straßenzüge standen auf einmal leer, das innerstädtische Leben erstarb. Es gab keine Revitalisierung, denn am 17. Juni 1940 rollten die ersten sowjetischen Panzer in Riga ein, das nun Hauptstadt der neu gebildeten Lettischen Sowjetrepublik wurde.

Vom Güterbahnhof aus deportierte man die lettische und jüdische Oberschicht und Intelligenz nach Sibirien, darunter den Staatspräsidenten Ulmanis. Am 22. Juni 1941 fielen die deutschen Truppen in Sowjet-Litauen ein und schon neun Tage später war auch Riga eingenommen. Es blieb Hauptstadt, jetzt des nationalsozialistischen „Ostlands".

Riga wurde zum Verwaltungssitz des „Reichskommissariats Ostland", des „Generalkommissariats Lettland" und der „SS-Sicherheitspolizei und Sicherheitsdienst". Die jüdische Bevölkerung der Stadt, genau 29.602 Menschen, wurden im „Ghetto von Riga" interniert, es lag in der „Moskauer Vorstadt", nahe dem Hauptbahnhof. Mindenstens 25.000 Juden, von denen 21.000 Frauen und Kinder unter 14 Jahren waren, ließ der Höhere SS- und Polizeiführer Friedrich Jeckeln in zwei sogenannten „Aktionen" am 30. November und 8. Dezember 1941 im Wald von Rumbula erschießen.

Zwei Jahre später kamen die überlebenden lettischen Juden und mit ihnen, die aus dem Reich ins „leer" gewordene Ghetto deportierten Juden in das 1943 errichtete KZ Kaiserwald im Norden der Stadt. Im August 1944 wurden sie in das Vernichtungslager Stutthof „evakuiert". Die Befreiung überlebten wenige.

Vorhergehende Seite: Ruhepause in der Stadt. **Rechte Seite oben:** Riesige Reklamewand mit Bierwerbung im Zentrum. **Rechte Seite unten:** Künstler verkaufen ihre auf den Touristengeschmack abgestimmten Bilder im Zentrum Rigas.

Aldaris
RĪGA
Aizraujoši būt kopā
Aldaris
Aldaris
ALKOHOLAM IR KAITĪGA IETEKME UZ VESELĪBU

An die NS-Zeit erinnern die 2001 errichteten Gedenkstätten im Wald von Biķernieki und das Mahnmal nahe der Eisenbahnstation Rumbula.

An die Partisanen und die sowjetischen Kriegsgefangenen erinnern die Monumente in der Gedenkstätte Salaspils, dem früheren SS-und SD-Polizeihaftlager südöstlich der Stadt.

Die 320 namentlich bekannten Letten, die unter Einsatz ihres Lebens jüdisches Leben retteten, ehrt seit 2007 ein Denkmal am Rande der Moskauer Vorstadt.

Im Jahr 1945 war Rigas Einwohnerzahl von 353.800 Personen (1940) auf 228.000 gesunken. Die Altstadt war schwer beschädigt und Riga wurde jetzt wieder zur Hauptstadt der Lettischen SSR. In den nächsten Jahrzehnten drohte sie mit 600. 000 russischen Neubürgern eine einsprachige sowjetische Stadt zu werden. Das historische Erbe verfiel, die Altstadt interessierte die Okkupanten nicht.

Die berühmte Stadtsilhouette mit dem Schloss, den drei Kirchtürmen St. Jakobi, Dom sowie St. Petri ergänzte man in den siebziger Jahren mit turmhohen Funktionsbauten. Rund um die Stadt entstanden graue Plattenbausiedlungen, deren Wohnungen ihres Komforts wegen allerdings hochbegehrt waren.

Die Wende kam für die Stadt gerade noch rechtzeitig. Der größte Teil der Altstadt ist wunderschön restauriert oder dort, wo die Bausubstanz nicht mehr zu retten war, rekonstruiert. Die meisten Jugendstilhäuser erstrahlen in alter Pracht.

Vorhergehende Doppelseite: Blick von der St.-Petri-Kirche über das Zentrum und über die Daugava.
Unten: Alte Holzhäuser in der „Moskauer Vorstadt".

Die Kehrseite der Medaille: Die Mieten in der Innenstadt von Riga haben das Niveau von London und Zürich erreicht, Eigentumswohnungen sind teurer als in Genf. Auch in den Randbezirken explodierten die Mieten und die Energiepreise sind wegen der schlechten Beziehungen zu Russland exorbitant.

So erlebt Riga wieder einen Bevölkerungsaustausch, diesmal entlang den Einkommensgrenzen. Die Armen, aber zunehmend auch die Mittelschicht, werden in die tristen Wohnblocks der Außenbezirke abgedrängt und in die denkmalgeschützen Innenstadthäuser ziehen die „Neuen Reichen“ ein. Oder die Häuser werden zu Hotels. Schon jetzt ist im Sommer die Altstadt fest in der Hand von Touristen und im Winter so gut wie ausgestorben. Es gibt keine Anzeichen, dass sich dieser Zustand ändert.

Die baltische Riviera

Am südlichsten Zipfel der Bucht von Riga, 25 Kilometer von der Hauptstadt entfernt, liegt Jurmala (dt. Rigastrand), das größte Ostseebad des Baltikums. Es ist berühmt wegen seiner feinen Sandstrände, den sanften Dünen, hinter denen majestätische Kiefern wachsen, den dichten Kiefernwäldern und Schwefelquellen.

Der Kurort erstreckt sich auf über 30 Kilometern Länge entlang der Rigaer Bucht und setzt sich (von Ost nach West) aus den Teilorten Priedaine, Lielupe, Bulduri, Dzintari, Majori, Dubulti, Jaundubulti, Pumpuri, Melluži, Asari, Vaivari, Kauguri, Sloka, Jaunķemeri und Ķemeri zusammen. Er erhielt 1920 die Stadtrechte und zählt 55.600 Einwohner. Im Rücken von Jurmala fließt der Fluss Lielupe (Kurische Aa).

Altehrwürdiges und stilvoll renoviertes Hotel am Strand von Jurmala.

Oben: Skulpturen in der Gedenkstätte Salaspils.
Seite 172: Kiefern im Nationalpark Kemeri.

Das noch Anfang des 19. Jahrhunderts winzige Fischerdorf hat seitdem einen spektakulären Aufstieg zum beliebtesten Ferienort des europäischen Nordens gemacht.

Die ersten Gäste waren die erholungsbedürftigen russischen Offiziere, nachdem sie Napoleon 1812 aus den Ostseeprovinzen gejagt hatten. Später, als das Baden im flachen Meer Mode wurde, ließen sich die russischen und deutschbaltischen Adligen hier ihre prachtvollen Sommerhäuser im Jugendstil bauen. Als 1877 die Eisenbahnlinie Riga–Jūrmala in Betrieb genommen wurde, strömten an den Wochenenden die Massen herbei.

In den Sowjetjahren wurde Jurmala zu einem modernen Kurort mit Bettenburgen, Sanatorien, Ferienheimen für die Rote Armee und die Betriebsorganisationen. Trotzdem wurde zugelassen, dass die Zellulosefabrik von Sloka ihre giftigen Abwässer in die Rigaer Bucht spülen durfte, so dass über Jahre nicht mehr gebadet werden konnte.

Heute gibt es die Fabrik schon lange nicht mehr und die Wasserqualität ist so gut, dass den Stränden alljährlich das Gütesiegel „Blaue Flagge“ verliehen wird. Seit einigen Jahren kaufen die neuen Superreichen aus St. Petersburg und Riga die Immobilien auf und rüsten die alten

Sommerhäuser zu Luxusherbergen auf. Es bleibt abzuwarten, ob das alte, durch die Sowjetzeit schon angegriffene Seebad Jurmala nicht völlig seinen Charme im jüngsten Touristen-Ansturm verliert.

Im Norden: Vidzeme (Livland)

Vidzeme ist eine der vier in der Verfassung Lettlands genannten Regionen, die zusammen das Staatsgebiet Lettlands bilden. Die lettische Bezeichnung stammt von den Worten „vidus" (Mitte) und „zeme" (Land, Erde) ab. Es bedeutet somit „Mittelerde" oder „Mittelland".

Historisch gesehen bildet Vidzeme den mittleren Teil des ehemaligen Livlands, das sich im Norden bis an den Finnischen Meerbusen, im Süden bis Litauen erstreckte und 47.030 qkm groß war. Wird mit aktuellem Bezug von Livland gesprochen, ist damit die jetzige Region Vidzeme gemeint.

Diese grenzt im Westen an die Ostseeküste, im Norden an Estland, im Osten an Russland und im Süden an den Fluß Daugava (Düna) sowie an die Region Latgale (Lettgallen). Mit einer Gesamtfläche von etwa 23.000 qkm nimmt sie 35 Prozent der Fläche Lettlands ein.

Der größte Teil ist bewaldet oder wird landwirtschaftlich genutzt. In der Region Vidzeme gibt es neun Landkreise und zehn Städte einschließlich der Hauptstadt Riga. Die vorherrschende Konfession ist lutherisch-evangelisch.

Alūksne (Marienburg)

Im nordöstlichen Teil von Vidzeme, an der Grenze zu Estland, liegt Alūksne. Sie ist mit 200 Meter ü. d. M. die höchst gelegene Stadt Lettlands. Die Stadtrechte erhielt sie erst 1920. Die Einwohnerzahl liegt meist unter 10.000. Haupteinnahmequellen sind der Holzhandel und der Tourismus.

Zum erstenmal erwähnt wird ein Flecken „Alust" in der Pskower Chronik aus dem Jahre 1284. Notiert wird die Eroberung der Gegend durch die Ordensritter. 1342 ließ der livländische Ordensmeister Burghart von Dreiliven eine steinerne Burg auf der größten Insel im örtlichen See errichten.

Er nannte sie Marienburg. Im Laufe der Zeit entwickelten sich Burg und Ort zu einem begehrten Ziel für die deutschen, polnischen, schwedischen und russischen Eroberer, weil sich hier die großen Handelswege von Riga nach Pleskau (russisch Pskow) und Nowgorod kreuzten.

Im Großen Nordischen Krieg sprengten die Schweden 1702 die Burg, um sie nicht den siegreichen Truppen des Zaren zu überlassen. Die Einwohner wurden von den Russen gefangengenommen. Unter ihnen befand sich der evangelische Theologe Johann Ernst Glück, der als erster die Bibel ins Lettische übersetzte.

Auch seine Pflegetochter Marta Skavronska (1683–1727) wurde verschleppt. Sie kam nach St. Petersburg, wurde dort die Geliebte von bedeutenden Männern und nach ihrer Konvertierung zum orthodoxen Glauben die zweite Frau des Zaren Peter dem Großen. Mit ihrem neuen Namen Katharina I. ging sie als erste Zarin auf dem russischen Thron in die Geschichte ein.

In und um Alūksne liegen einige kunstgeschichtlich bedeutende Schlossgüter, die vor der Enteignung 1920 deutschbaltischen Landadligen gehört hatten und heute zu Lettlands wertvollsten Kulturgütern gehören. Herausragend ist das Mitte des 19. Jahrhunderts gebaute „Neue

Oben: Stellenweise hat die Gauja Höhlen in den Sandstein gefressen.
Vorhergehende Seite: Spröde und doch reizvoll ist die Ostseeküste im Norden Lettlands.

Schloss“ der Familie Baron von Wulff in der Nähe des Örtchens Gaujiena (Adsel). Es ist in dem damals sehr beliebten, sogenannten Palladio-Stil gebaut und wird von einem sehr schönen Park umrahmt.

Der Familie gehörten ebenfalls das sogenannte „Weiße Schloss“ nahe der Stadt Gulbene (Schwanenburg) im Hochland von Alūksne und das etwas östlich gelegene sogenannte „Rote Schloss“. Beide wurden im Zweiten Weltkrieg fast völlig zerstört und werden zur Zeit als wertvolles nationales Erbe rekonstruiert.

Valka (Walk/Valga)

Nördlich von Alūksne an der Grenze zu Estland liegt Valka, der westliche Teil der ehemaligen Grenzstadt Walk. 1286 wird sie zum erstenmal urkundlich erwähnt, Stadtrechte erhielt sie 1584. Die knapp 6.500 Einwohner sind vorrangig im Holz- und Dienstleistungsgewerbe tätig.

Im 13. Jahrhundert verlief in Walk die Grenze zwischen dem Gebiet des Deutschen Ordensstaates und dem Territorium des Bischofs von Dorpat einerseits und dem Bischof von Riga andererseits. Wegen dieser Grenzlage war es der erste und dann beliebteste Treffpunkt des Landtags der „Livländischen Konförderation“.

Später wurde es vom Königreich Polen erobert, dann von den Schweden, bis es 1710 an Russland ging. In den verschiedenen Kriegen wurde die Stadt mehrmals niedergebrannt und zerstört. Im Jahre 1713 wohnten zwischen den Ruinen nur noch drei Bürger und ein Prediger deutscher Herkunft.

Bald nach Gründung der Nationalstaaten Estland und Lettland kam es zu einem Streit um die

Der Zvartas-Felsen ist ein beliebtes Ausflugsziel im Gauja-Nationalpark.

von beiden Seiten beanspruchte Grenzstadt. Eine unter britischer Leitung geführte Kommission fällte am 1. Juli 1920 einen Schiedsspruch, wonach Walk zwischen den beiden Staaten entlang der Sprachgrenze geteilt wurde. Den größeren Teil von Valga erhielt Estland.

Bis zum Schengen-Beitritt versperrten Eisengitter die Wege, Straßen endeten im Nichts, belebt waren nur die drei Grenzübergangsstellen. Als diese am 21. Dezember 2007 niedergerissen wurden, feierte der estnische Präsident Thomas Ilves und sein lettischer Amtskollege Valdis Zatlers zusammen mit der Bevölkerung ein großes Fest.

Valmiera (Wolmar)

Im Nordosten von Vidzeme, beidseitig des Flusses Gauja (Livländische Aa) und in der Nähe des Nationalparks Gauja liegt Valmiera. Archäologische Zeugnisse legen eine Besiedlung schon vor 9.000 Jahren nahe. Die Stadtrechte erhielt der Ort im frühen 14. Jahrhundert. In Wolmar wohnen heute rund 27.000 Menschen, die ihr Auskommen überwiegend in der Nahrungsmittel-, Holz- und Möbelindustrie finden.

Wolmar ist eine der bedeutenden Städte Alt-Livlands und gehörte vom 14. bis zum 16. Jahrhundert zur Hanse. Es gab eine Burg der Ordensritter, in die sich bei Kriegen alle Bürger flüchteten; den Bauern hingegen war dies nicht erlaubt. Als im Herbst 1577 Iwan IV. (der Schreckliche) die Stadt eroberte, ließ er fast den gesamten livländischen Adel und alle Menschen, die in der Burg Zuflucht gesucht hatten, ermorden.

In den Kriegen der nächsten beiden Jahrhunderte wurde die Stadt stets aufs Neue in Schutt und Asche gelegt. Erst nach dem Großen Nordischen

Krieg (1700–1721) zog eine gewisse Ruhe ein und die Bauern fingen – laut einer Chronik –, wieder an „Furchen in den blutgedüngten Boden zu ziehen".

Vom alten Stadtkern ist nach dem Zweiten Weltkrieg außer einer neugotischen Kirche nichts übrig geblieben. Als nationales Kulturerbe sind im Distrikt vier Herrenhäuser einschließlich ihrer Parks wieder gewürdigt. Am ältesten ist Vangazi (Wangasch), ein Gutshof aus dem 16. Jahrhundert.

Sehr schön ist Schloss Burtnieki (Burtneck). Es wurde vor 1750 auf dem Boden einer alten Ordensburg errichtet. Ein bedeutendes Beispiel für den im Baltikum eher seltenen Empire-Stil ist Schloss Naukšeni (um 1830, Naukschen). Ein für das späte 18. Jahrhundert typisches Beispiel für einen herrschaftlichen Gutshof ist die Anlage Lappier (Diķli). All diese Häuser gehörten deutschbaltischen Adligen, deren Besitz in der Agrarreform 1920 enteignet wurde. In der Sowjetzeit wurden die Anwesen in Kolchosen integriert. Heute sucht man noch nach neuen Nutzungsmöglichkeiten.

Limbaži (Lemsal)

Westlich von Valmiera liegt die Kreisstadt Limbaži. Sie hat etwa 8.500 Bewohner. Der Ort in der Nähe einer im 13. Jahrhundert errichteten Ordensburg, gehörte zur Hanse und erhielt 1385 die Stadtrechte von Lübeck. Drei Jahrhunderte später versandete der Fluss Svētupe und die Be-

Rechts: Winterlicher Wald im Norden Lettlands.
Unten: Reiterinnen an der Mündung der Gauja in die Ostsee.

Idyllischer kleiner See bei Malspils

deutung als Handelsstadt nahm rapide ab. Auch sie wurde von den russischen Kosaken zerstört. Im 17. Jahrhundert schenkte der Schwedenkönig Gustav Adolf die Burg der Stadt Riga, die aber kein Interesse an ihr hatte. 1747 brannte der Ort ab und nur mit Mühe entstand wieder städtisches Leben.

Trotz starker Zerstörungen im Zweiten Weltkrieg finden sich in Limbaži noch einige Reste der alten Ordensburg und Häuser aus dem 18. Jahrhundert. Ihr berühmtester Bürger war der Komponist der späteren lettischen Staatshymne, Karlis Baumanis (1835–1905).

Etwas außerhalb der Stadt, an einem See gelegen, inmitten eines 50 Hektar großen, französisch gestalteten Parks, liegt das Schloss Bīriņi (früher Koltzen). Der phantastisch schön aussehende Stilmix aus Klassizismus und Rokoko entstand 1812. Der Zar hatte das Schloss Alexander und Nicholas von Pistohlkors als Dank für geleistete Militärdienste im Kampf gegen Napoleon geschenkt. Heute beherbergt es ein Hotel.

Zwischen Limbaži und Sigulda, 16 Kilometer nordwestlich von Cēsis am Ufer des Unguru-Sees, befindet sich das kunstgeschichtlich bedeutende, inzwischen restaurierte Gutsschloss Orellen (Ungurmuiza) aus dem frühen 18. Jahrhundert. Es ist das einzig erhaltene Holzschloss in Lettland und besticht durch seine vielen Fenster und das dekorative Schmuckwerk.

Ungewöhnlich ist auch das im Park stehende chinesische Teehaus im Rokokostil. Bis zur Enteignung 1920 gehörte Orellen den Baronen von Campenhausen.

Ebenfalls im Landkreis Limbaži, nahe der Rigaer Bucht, liegt das herrschaftliche Landgut Duntes muiza (Dunteshof). Hier lebte von 1744 bis 1750

Die Ruine der alten Ordensburg von Cēsis

der berühmte Lügenbaron Münchhausen, der mit der Gutsbesitzerin, der livländischen Adligen Jacobine von Dunten, verheiratet war.

Cēsis (Wenden)

Südlich von Valmiera, mitten in der Livländischen Schweiz, befindet sich die „Perl in Livlands Kron“, die bezaubernde Stadt Cēsis. Sie liegt auf den Hügeln oberhalb des Flusses Gauja, am nördlichen Eingang zum Nationalpark. In ihr wohnen etwa 18.000 Menschen, die von der Landwirtschaft und dem Tourismus leben.

Erwähnt wird die Stadt zum erstenmal 1206 in der lateinisch verfassten Chronik des Missionars Heinrich von Lettland (auch Henricus de Lettis), der aus Magdeburg hierher kam, um den Volksstamm der heute nicht mehr existenten Gauja-Liven zu bekehren.

Die deutsche Bezeichnung Wenden stammt vermutlich vom Namen des wendischen Dorfes Wendekülla. Der lettische Namen Cēsis hat sich aus dem livischen Wort „kesti“, was „jenseits“ (jenseits der Gauja) bedeutet, herausgebildet. Die Stadtrechte von Riga erhielt Wenden vor dem Jahre 1323.

Mit dem Bau einer Burg wurde bereits um das Jahr 1209 begonnen. Als zwei Jahrzehnte später der Schwertbrüderorden mit dem Deutschen Orden vereinigt war, wurde Wenden Sitz der livländischen Ordensmeister.

Ihr bedeutendster, Wolter von Plettenberg, wurde 1535 in der mächtigen, heute lutherischen St. Johanniskirche (1283–1287) beigesetzt. Als Hauptsitz des Deutschen Ordens entwickelte sich die Stadt zu einem bedeutenden Handelsort und wurde Mitglied der Hanse.

Rechts: Der Burgberg von Turaida mit der berühmten Burg
Nachfolgende Seite: Denkmal für den Bewahrer der Dainas, Krišjanis Barons, im Nationalpark bei Turaida

Wie alle livländischen Befestigungen wurde der Ort immer wieder Opfer von Krieg und Zerstörung. Als Zar Iwan IV. in Livland einfiel, übergaben die Kaufleute die Stadt dem dänischen Herzog Magnus von Holstein in der Hoffnung, er würde sie vor den Russen schützen. Als die Burg nicht mehr zu halten war, sprengten sich die 300 Menschen, die in ihr Schutz gesucht hatten, in die Luft, um dem russischen Heer nicht lebend in die Hände zu fallen.

In den Kriegen der nächsten Jahrhunderte wechselte die Stadt viele Male die Besitzer, wurde aber nie so vollständig verwüstet wie Wolmar und Walk. 1721 geriet sie unter russischer Herrschaft, 50 Jahre später erhielt sie ihre alten Privilegien und die Unabhängigkeit zurück. Aus dieser Zeit stammt das „Neue Schloss“ mit den großen heute noch vorhandenen herrschaftlichen Gutsgebäuden.

1785 wurde Wenden eine Kreisstadt mit einem nach russischen Gesetzen gewählten Magistrat. Hier erhielten 1897 zum erstenmal die Letten die Mehrheit, weshalb die Stadt heute eine große nationale Bedeutung besitzt.

Am 22. Juni 1919 kam es bei Cēsis zur entscheidenden Schlacht für die Sicherung der jungen lettischen Republik. Die nach Norden vorrückende republikfeindliche Freiwilligenarmee „Baltische Landeswehr“, unterlag estnischen Truppen (s. S. 32). An diesem Tag endete die Vorherrschaft der Deutschbalten für immer.

Bis 1940 entwickelte sich Cēsis zu einem vornehmen Kurort. Die Stadt überstand den Zweiten Weltkrieg fast unzerstört. Auch die Sowjetzeit hinterließ äußerlich kaum Spuren.

Eine Legende aus Cēsis schon, denn sie soll zum Motiv der heutigen lettischen Nationalflagge inspiriert haben. Ein livischer König soll hier gegen die Kreuzritter gekämpft und sich nach verlorenem Kampf auf die weiße Fahne gelegt haben. Zwei äußere, waagerecht verlaufende dunkelrote Streifen, die in der Mitte von einem weißen Streifen durchzogen sind, symbolisieren sein an den Seiten herabgeflossenes Blut. Die Flagge versinnbildlicht so das Leiden für die Freiheit.

Sigulda (Segewold) und Turaida

Nicht weit von Cēsis entfernt liegt das Landstädtchen Sigulda. Es hat etwa 4.000 Einwohner und ist das touristische Zentrum des Gauja-Naturparks.

Auf dem Livu-Berg links der Gauja stand bis zum Anfang des 13. Jahrhunderts die livische Satezele-Burg. Hier ereignete sich 1212 die entscheidende Schlacht zwischen den einheimischen Liven und den Kreuzrittern.

Nach dem Sieg des Schwertbrüderordens wurde die Burg bis auf den Grund geschleift und aus den Steinen eine neue gebaut. Von dieser sind nur noch Reste des südwestlichen Flügels und zwei viereckige Wachtürme zu sehen. Auf dem Gelände der äußeren Vorburg entstand ab 1878 das „Neue Schloss". In den 20er Jahren befand sich hier ein Erholungsheim für Schriftsteller.

Jenseits der Gauja erhebt sich an ihrem hohen Ufer der berühmte Burgberg von Turaida (Treyden oder Treiden). Der Ortsname stammt vom livischen Wort „Toro" (Gott) und „Aida" (Garten). Hier befand sich die Burg des livischen Herrschers Kaupo, über den Heinrich von Lettland in seiner Chronik von 1206 berichtet. Sein Name ist in der lettischen Legende ein Synonym für Volksverrat, denn er hatte sich mit den Ordensrittern gegen sein Volk verbündet und sich als erster Live christianisieren lassen.

Nachdem seine Burg aus Rache von aufständischen Liven der Autine-Bewegung zerstört worden war und diese wiederum besiegt, ließ der Erzbischof von Riga auf den Überresten seine Burg erbauen. Sie verfiel über die Jahrhunderte. Ab 1953 wurde sie rekonstruiert und restauriert und ist heute einer der wichtigsten touristischen Ziele Lettlands. Ein Museum informiert über die wechselvolle Geschichte der Region. Vom Turm aus hat man einen wundervollen Blick auf das Gauja-Tal. Im Burgpark stehen zu Ehren des

„Dainas-Vaters“ Krišjanis Barons große Skulpturen mit Motiven aus der lettischen Folkklore.

Den Letten ist diese Burg so wichtig, weil hier Maija, die „Rose von Turaida“, begraben liegt. Der Dichter Jānis Rainis machte das Mädchen in seinem vielgelesenen Roman „Liebe ist stärker als der Tod“ zur Hauptperson.

Es ist die Geschichte eines auf dem Schlachtfeld gefundenen kleinen Mädchens, das zu einer wunderschönen Frau heranwächst und von einem Offizier der polnischen Besatzungstruppen begehrt wird. Aber die schöne Maija liebt einen Gärtner. In einer ausweglosen Situation gelingt es ihr, von dem drängenden polnischen Offizier getötet zu werden, der sich wiederum aus Verzweiflung über seine Tat im Walde erhängt. Der unglückliche Gärtner begräbt seine Maija und pflanzt auf ihrem Grab eine Linde. Ob Wahrheit oder Dichtung – die „Rose von Turaida“ trifft mitten in die Seele der Letten und symbolisiert ihre Liebe für das Wahre, Gute, Schöne und die Treue, sowie das Gefühl, Fremde wollten diese Tugenden nur stören.

Am gegenüberliegenden Rand des Nationalparks ist 10 Kilometer südlich von Stalbe im Ort Lielstraupe das imponierende Schloss Straupe (Groß-Roop) zu finden. Es wurde im 18. Jahrhundert als barocke Anlage auf den Resten einer Ordensburg gebaut, in der Revolution von 1905 (s. S. 195) zerstört und wieder hergestellt. Heute wird das Schloss als Rehabilitationsklinik genutzt.

Vorhergehende Seite: Historische Windmühle im Gauja-Nationalpark.
Unten: Winterimpressionen aus Südlettland.

Koknese (Kokenhusen)

Im äußersten Süden Lettlands an der Daugava, die hier die Region Vidzeme von der Region Zemgale (Semgallen) trennt, sieht man die pittoresken Ruinen der einst gewaltigen Ordensburg Koknese. Bischof Albert I. hat sie 1209 an Stelle der niedergebrannten „Lettenburg“ errichten lassen.

Zwischen 1397 und 1562 wurde sie eine der drei Residenzen des Erzbischofs von Riga. Später eroberten sie erst die Schweden (1701) und dann die Russen (1714). Seit der Aufstauung der Düna durch das Pļaviņas-Kraftwerk 1961 (s. S. 110) liegt die einst hoch oben über der Düna thronende Burg am Ufer des Flusses.

Im Westen: Kurzeme (Kurland)

Kurzeme ist die drittgrößte Region Lettlands. Sie liegt südwestlich der Daugava (Düna) und bezeichnet den von Ostsee und Rigaischen Meerbusen umfassten Westteil des Landes. Nördlichster Punkt ist Kap Kolka, der südlichste das Vogelschutzgebiet Nida an der Grenze zu Litauen.

In Kurland gibt es die neun Städte Liepāja (Libau), Ventspils (Windau), Grobiņa (Grobin), Aizpute (Hasenpoth), Kuldīga (Goldingen), Saldus (Frauenburg), Pāvilosta (Paulshafen), Piltene (Pilten) und Talsi (Talsen) in denen insgesamt etwa 180.000 Menschen leben. Verwaltungshauptstadt ist Liepāja (Libau). Kurzeme

Nachfolgende Doppelseite: Talsi, die Stadt auf den sieben Hügeln.
Unten: Träge fließt die Daugava dahin.

Berühmt für seine Ziegelbrücke: Kuldīga.

umfasst eine Fläche von 13.630 qkm. Der Hauptfluss ist die Venta (Windau). Das Gebiet ist mit Ausnahme der hügeligen Gegend um Talsi (Talsen) in der Kurländischen Schweiz und den Steilküsten bei Pāvilosta (Paulshafen) flach.

Die Küstenlandschaft besteht aus Dünen, bewaldeten Niederungen mit Mooren, Sümpfen und Strandseen. Im Hinterland gibt es ausgedehnte Misch- und Kiefernwälder und große Weidegebiete. Aus Kurzeme kommt ein Großteil der lettischen Milchprodukte.

Kurland ist nach dem baltischen Volk der Kuren benannt, die etwa ab dem 7. Jahrhundert die gesamte Ostseeküste bis in das Gebiet des heutigen Kaliningrad besiedelten, nachdem sie die Wikinger vertrieben hatten. Der Eigenname „Kurs“ geht auf das indogermanische „krs“ zurück und bedeutet „schnell beweglich auf See“. Nach der gewaltsamen Unterwerfung und Christianisierung der Region durch den Deutschen Orden Mitte des 13. Jahrhunderts gingen die Südkuren in den heute nicht mehr existierenden Völker der „Pruzzen“ (Preußen/Ostpreußen) und „Zemaiten“ (Samaiten/Nordlitauen) auf und die Nordkuren im Volk der Letten.

Die heutige Region Kurland ist mit 13.630 qkm genau um die Hälfte kleiner als das historische Kurland, das von 1250 bis nach dem Ersten Weltkrieg existierte. Dazu gehörte viele Jahrhunderte die heutige Region Semgallen (Zemgale). Nachdem die einheimischen Stämme unterworfen waren, blieb Kurland Jahrhunderte deutsch geprägtes Land. Erst regierten es die Kreuzritter als Ordensstaat, dann die deutschbaltischen Barone als Herzogtum Kurland. Die kürzeste historische Periode erfuhr Kurland als Russische Ostseeprovinz. Seine Geschichte gliedert sich in drei Perioden, die zur Gegenwart hin kürzer werden.

Oben: Schloss Durbe in Tukums.
Seite 190: Auf den ersten Blick scheint die Welt in Kurland noch in Ordnung zu sein; Landschaftsimpression bei Gaznieki.

Ordensland Kurland

Dreieinhalb Jahrhunderte, von 1250 bis 1562 blieb Kurland deutsches Ordens- und Bischofsland, damals als kurischer Teil von Alt-Livland bezeichnet. Von den vielen mächtigen Burgen, die in diesen Jahrhunderten errichtet wurden, zeugt in der heutigen Region Kurland nur noch die restaurierte Burg von Windau (Ventspils, 1242–1290) von alter Größe. In ihr ist das Kunst- und Geschichtsmuseum untergebracht.

In Grobiņa (Grobin), nahe Liepāja (Libau), stehen nur noch einige hohe Mauern und Reste von vier Bastionen, die der Orden auf einer früheren Wikingerbefestigung bauen ließ.

Im Wesentlichen erhalten geblieben sind die Gemäuer der Burg in Alsunga (Alschwangen) und des Ordensschlosses Hasenpoth (Aizpute). Bis in die Sowjetzeit hinein wurden hier die alten Konventshäuser innerhalb der Burgbefestigung noch als Armen- bzw. Altersheim genutzt.

Außer einem Kreuzgewölbe ist von Kurlands ältester Burg, die 1242 am linken Ufer der Venta in Goldingen (Kuldīga) entstand, nichts übrig gebliegen. Fundamentreste existieren noch von der Burg Zabeln (1250, lett. Sabile) im alten Flusstal des Abava (Abau) mitten in der Kurländischen Schweiz. Die Ordensritter ließen hier sogar Weinberge anpflanzen. Nach vielen Jahrhunderten Pause sind sie kürzlich erneuert worden und werden jetzt im „Guinness Buch der Rekorde“ als nördlichste Weinberge der Welt aufgeführt. In Sabile leben seit etwa 100 Jahren viele Roma. Sie sind Nachkommen der Zigeuner, die der letzte Zar hier zwangsansiedeln ließ.

Von der Burg Kandau (Kandava, um 1260), die ein paar Kilometer flussaufwärts malerisch an der Abava liegt, steht noch ein fast quadratischer sogenannter Danskerturm. Der alte Burgberg ist heute Stadtpark und von ihm sieht man in das schöne Tal, das 1998 in die UNESCO-Liste der 100 einzigartigen Plätze der Welt aufgenommen worden ist.

Herzogtum Kurland

Die zweite Periode der kurländischen Geschichte begann, nachdem der Deutsche Orden infolge der Reformation und des Livländischen Krieges gegen Russland zerfiel. Der letzte Ordensmeister Gotthard von Kettler (1517–1587) unterstellte das gesamte Gebiet westlich der Düna (Daugava) dem polnischen König und wurde vom ihm 1561 mit dem erblichen Herzogtum Kurland und Semgallen belehnt.

Es umfasste sowohl den westlichen Landesteil mit den Verwaltungsgebieten Tuckum (Tukums, heute Zemgale) und Goldingen (Kuldīga) sowie auch den östlichen Landesteil mit den Verwaltungsgebieten Mitau (Jelgava/Zemgale) und Selburg (Selpils/Zemgale) an der Düna. Zur Residenz wählte er sich Mitau.

Als deutsches und unabhängig regiertes Herzogtum unter polnischer Lehnshoheit nahm Kurland 233 Jahre eine Sonderstellung im ostbaltischen Raum ein. Die kurländischen Städte genossen das Privileg der freien Religionsausübung, das Recht auf eine deutsche Obrigkeit, die Beibehaltung deutscher Rechte und das Heimatrecht (Indigenat).

Um den Protestantismus zu festigen, wurden in dieser Zeit viele Kirchen gebaut, von denen wegen der vielen späteren Kriege und der Entvölkerung durch die Pest, nur noch wenige übrig geblieben sind. Die bedeutendsten sind die St.-Annen-Kirche (1587) in Liepāja und die Stadtkirche von Talsi (Talsen, 1572).

Ein gut erhaltenes Baudenkmal mit der für diese Zeit typischen Rechtecksanlage ist das Schloss Lauciene (Nurmhusen) östlich von Talsi. Über vierhundert Jahre lang, bis zur Güterenteignung 1920, war es der Stammsitz der Freiherrn von Fircks.

Den größten Aufschwung erlebte Kurland unter dem merkantilistisch orientierten Herzog Jakob von Kettler (1642–1682). Er pflegte Handelsbeziehungen mit ganz Europa, förderte den Schiffbau sowie den Bau von Häfen in Liepāja (Libau) und Ventspils (Windau) und verfügte bald über einer der größten europäischen Handelsflotten.

Um nicht in Kriege verwickelt zu werden, schloss er Neutralitätsverträge mit den sich ständig befehdenden Schweden und Russen. Mit einem Friedenskongress in Lübeck wollte er sogar seinen Lehnsherrn, die Adelsrepublik Polen-Litauen, mit den tiefverfeindeten Schweden versöhnen.

Nur Kettlers Versuche, mit Überseekolonien ein zweites Holland zu werden, scheiterten. Nachdem alle seine Versuche, französische Kolonien zu kaufen, erfolglos blieben, ließ er 1651 die Gambiamündung in Westafrika besetzen und drei Jahre später die Insel Tobago in Westindien. Sie wurde in Neu-Kurland umbenannt. Herzog Kettlers Armada fuhr mit einem Pastor, Kanonen und Glasperlen nach Westafrika, mit Sklaven und frischem Wasser weiter in die Karibik, und mit Zucker, Indigo und Papageien zurück nach Mitau (Jelgava).

Aber das kolonialistische Abenteuer ging nicht gut aus. Als die Schweden im Nordischen Krieg gegen Moskau und Polen-Litauen das reiche Kurland besetzten und Herzog Jakob zur Geisel nahmen, begann über seinen Kopf hinweg ein kompliziertes europäisches Tauschgeschäft. Es endete mit der Wiedereinsetzung des Herzogs in

alle alten Rechte, kostete Kurland (1659 und 1661) aber die Kolonien und die Handelsflotte. Diese Episode ist heute nur noch eine Anekdote. Aber als bei der Fussballweltmeisterschaft 2006 Tobago gegen Frankreich und die Schweiz spielen musste, drückte das ganze Land der ehemaligen Kolonie die Daumen.

Aus Kettlers großer Zeit existieren am Stadthafen von Liepāja (Libau) nur noch zwei Handelsspeicher. Ihm lag nicht viel an Repräsentationsbauten. Das sollte sich unter seinen Nachfolgern ändern, ihre Prachtbauten stehen vor allem in der heutigen Region Semgallen (Zemgale).

Auch politisch änderte sich viel. Nach dem Aussterben der Kettler-Dynastie 1737 orientierte sich Kurland immer weniger an Polnisch-Litauen, dafür immer mehr an Russland. In völlige Abhängigkeit geriet es unter Herzog Ernst Johann von Biron (1690–1772), dem Günstling der Zarin Anna in St. Petersburg.

Obwohl diese seine Schlösser finanzierte, gelang es dem Herzog, das Land mit seinem aufwendigen Lebensstil wirtschaftlich zu ruinieren. Heute bilden sein Schloss in Jelgava (Mitau) und seine Sommerresidenz Schloss Ruhenthal (Rundāle) in der Region Zemgale (s. S. 214), Lettlands größte kulturelle Schätze.

Als seine Gönnerin 1740 starb, war es auch mit Birons Karriere vorbei. Man schickte ihn für 22 Jahre in die Verbannung. Aber seine Hinwendung zu Russland hatte große außenpolitische Folgen. Sie beschleunigte den Niedergang Kurlands als autonomes polnisch-litauisches Lehnsland. Nach 233 Jahren Herzogtum begann die dritte, bis 1917 dauernde Periode seiner Geschichte.

Vorhergehende Doppelseite links: Moderne Skulptur im Freilichtkunstmuseum Pedvale. **Rechte Seite:** Folkloreveranstaltungen sind eine immer willkommene Abwechslung. **Unten:** Wellenbrecher an der Ostseeküste bei Kurzeme.

Russische Ostseeprovinz

Nach der dritten Teilung Polens, die 1795 den endgültigen Untergang des Königreichs Polen besiegelte, entschied sich die „Kurlandische Ritterschaft“ für den Anschluss an Russland. Wie die anderen baltischen Länder Estland und Livland schon 75 Jahre zuvor, wurde jetzt auch Kurland eine russische Ostseeprovinz. Die Rechte der deutschen Oberschicht wurden bestätigt, der kurische Adel wurde zur Elite des Zarenreichs.

Es begann eine Ära weitgehender Agrarreformen und forcierter Industrialisierung. Libau (Liepāja) und Windau (Ventspils) entwickelten sich wieder zu blühenden Hafenstädten. Als erste Provinzen Russlands entließen 1817 Estland, 1820 Livland und am 30. August 1818 Kurland die Bauern aus der Leibeigenschaft, was diese allerdings nur in neue ökonomische Abhängigkeiten führte. Das Recht, Land zu besitzen, erhielten die Bauern erst Mitte des 19. Jahrhunderts.

Die Revolution von 1905 und die brennenden Schlösser

Eine Folge der Reformen war die Entstehung einer neuen sozialen Gruppe, der Land- und Industriearbeiterschaft. Sie formulierte ihre Interessen weniger klassenbewusst als in Westeuropa, sondern stärker volkskämpferisch.

Die Forderung nach nationaler Selbstbestimmung wurde immer lauter. Genau in diese Phase des wachsenden Selbstbewusstseins ordnete Zar Alexander III. ab 1881 die „Russifizierung“ seiner Ostseeprovinzen und litauischen Gouvernements an. Es sollte nur noch Russisch gelehrt und gesprochen und aus den Protestanten sollten

Im Naturreservat am Papesee gibt es noch eine Herde wildlebender Pferde.

Lettland, das ist ganz viel Natur.

Orthodoxe werden. Die Maßnahmen trafen die deutsche Minderheit genauso wie die einheimische Mehrheit, aber für die Mehrheit bedeutete die Russifizierung das Ende aller nationalen Wünsche und die Festschreibung von Fremdherrschaft und Unterdrückung.

Die immer stärker werdende sozialdemokratische und sozialrevolutionäre Bewegung machte sich 1905 in einem gewalttätigen Aufstand Luft. Er richtete sich gleichermaßen gegen den Zar, gegen die Russifizierung und den deutschbaltischen Gutsadel.

Der Aufstand begann mit Kirchenunruhen auf dem Lande und setzte sich mit Streiks in den Städten fort. Gefordert wurden soziale Gerechtigkeit, Demokratisierung und nationale Befreiung. Der Aufstand endete mit Pogromen. Vor allem in Kurland, aber auch in Livland und Estland gingen von Oktober bis Dezember 184 Gutshöfe und Schlösser in adligem Besitz in Flammen auf, 570 wurden zerstört. 82 Deutschbalten verloren ihr Leben, unter ihnen viele Pastoren. Der Zar schickte seine Kosaken, die Gutsbesitzer formierten sich zum „Selbstschutz“ und schlugen zusammen den Aufstand grausam nieder.

908 Personen wurden standrechtlich erschossen, 2.652 Verdächtige in Arbeitslager nach Sibirien deportiert und Frauen öffentlich ausgepeitscht. Die sozialdemokratische nationale Intelligenz wurde verbannt (genau 1.871 Personen). Die Zahl der bei Strafexpeditionen niedergebrannten Bauernhöfe überstieg bei weitem die der vorher eingeäscherten Gutshöfe.

Schmetterlingspuppe an einer Blüte.

Zwar hatten die vom Zaren begünstigten baltischen Adligen noch einmal ihre Privilegien gerettet, aber das Jahr 1905 markiert das Ende ihrer jahrhundertealten Vorherrschaft und den Beginn von nationalen und ethnischen Konflikten. Eines der ersten Gesetze, die nach der lettischen Unabhängigkeit erlassen wurden, war 1920 die entschädigungslose Enteignung der Großgrundbesitzer.

Bis dahin gab es allein in Kurland 648 Rittergüter, von denen das größte, Dondangen (Dundaga) in Nordkurland, mit 722 qkm etwa die Fläche von Hamburg umfasste. Dem baltischen Adel gehörte vor der Agrarreform 48,1 Prozent des Bodens, danach, weil jedem Besitzer nur 50 Hektar zur Eigenbewirtschaftung überlassen wurden, nur noch 1,3 Prozent.

Heute sind in Kurland die feudalen Verhältnisse kaum mehr zu ahnen. Es gibt nur noch eine Handvoll intakter Schlösser und Herrenhäuser, weit weniger als etwa in Mecklenburg-Vorpommern. Aber die Schlösser und Herrensitze, die es heute noch gibt, und die jahrhundertealten Parks, in denen sie stehen, sind wertvolles nationales Kulturerbe und touristisch nutzbares Kapital.

Ein Meisterwerk ersten Ranges ist das Schloss Kazdanga (Katzdanggen) nahe dem Städtchen Aizpute (Hasenpoth). Es ist ein streng klassizistischer Bau mit Walmdach aus dem Jahr 1800. Zur Parkseite ziert es ein weit vorstehender Saalrundbau mit einem schönen Kuppeldach. Das Land gehörte seit 1563 der Familie Baron von Manteuffel. Im Revolutionsjahr 1905 brannte das Schloss vollkommen nieder, wurde aber

Rechts: am Strand von Liepene.
Nachfolgende Doppelseite: Er stürzt nicht sehr tief, aber er ist der breiteste Wasserfall in Europa – der Ventas-Rumba.

nach dem Ersten Weltkrieg weitgehend wieder aufgebaut. Seit den 50er Jahren und bis heute wird es als Schule genutzt, die Repräsentationsräume sind von der Gemeinde für Konferenzen zu mieten.

Im früheren Stil des Neo-Rokoko wurde das im Distrikt Pelču (Pelzen) gelegene, 1905 eingeäscherte Schloss Berghof (Kalnamuižā) bei Kuldīga (Goldingen) wieder errichtet. Es gehörte der Familie von Medem und wird heute als Hotel genutzt.

Im gleichen Distrikt findet sich ein erst 1904 im Jugendstil fertiggestelltes Schloss des Fürsten Meinhard von Lieven. Der im 18. Jahrhundert im französischen Stil angelegte Park grenzt an die Ruinen einer Ordensburg.

Sehr gut erhalten ist die Wasserburg Schloss Edole (Edwahlen) zwischen Ventspils und Kuldīga. Die Vierecksform, der Turm und der Kreuzgang stammen aus dem 13. Jahrhundert. Anfang des 19. Jahrhunderts wurde das Schloss – wie es damals Mode war – gotisiert und mit Zinnen versehen.

Im Schloss verbrannte 1905 eine der kostbarsten Gemäldesammlungen Kurlands. Das Anwesen war seit 1562 Stammsitz der Barone von Behr, sie ließen es um 1909 wieder aufbauen. In den 90er Jahren nutzte es der Naturschutzbund Lettlands.

Eine charakteristische Wasserburg aus dem 13. Jahrhundert ist auch Schloss Neuenburg (Jaunpils) im Distrikt Tukums. Sie liegt auf einer Halbinsel inmitten der seeartigen Stauung eines Flüsschens und ist an drei Seiten von Wasser umgeben. Auch dieses Schloss brannte 1905 nieder und wurde unter Wahrung aller denkmalpflegerischen Grundsätze 1909 wieder aufgebaut. Über Jahrhunderte hinweg bis zur Enteignung 1920 war es der Familiensitz der Barone von der Recke. Heute wird es als Museum genutzt.

Besonders schön ist auch das klassizistische, frühere Schloss des Fürsten Karl Christoph von Lieven in Zentene (Senten) im Distrikt Tukums. Es steht in einem 20 Hektar großen, mit raffinierten Sichtachsen angelegten Park. Im Schloss befindet sich seit den 50er Jahren eine Schule.

Bolschewiki, Freikorps und endlich Frieden

Die meisten Toten und die größten Zerstörungen gab es in Kurland, als im Osten der Krieg schon zu Ende schien und Deutschland mit dem jungen Sowjetrussland am 3. März 1918 in Brest-

Litowsk einen Separatfrieden geschlossen hatte. Im Vertrag verzichtete Räterussland „für immer" auf seine baltischen Ostseeprovinzen. Die deutsche Armee, die Kurland seit 1915, Riga seit 1917 und Livland seit dem Frühjahr 1918 bereits besetzt hielt, sollte diese Gebiete auch in Zukunft beherrschen dürfen.

Schon ein halbes Jahr später war dieser Vertrag Makulatur. Er wurde auf Druck der Entente annulliert, als Deutschland nach den revolutionären Unruhen im Inneren den Waffenstillstand unterschreiben musste.

Die deutschen Truppen sollten sich auf die Grenzlinien von 1914 zurückziehen, mit Ausnahme der Verbände, die sich noch auf dem russischem Territorium befanden. Sie sollten auf die Befehle der Entente warten. Durch Deutschlands Schwäche gestärkt, nutzte ein bürgerliches Bündnis die Gunst der Stunde und rief am 18. November 1918 die Unabhängigkeit aus, die die Letten Livlands, Kurlands, und Lettgallens in einem Freistaat vereinigte.

Für die Bolschewiki hingegen schien Lettlands Unabhängigkeitserklärung der Beweis, dass die siegreichen Staaten der Entente offensichtlich kein Konzept für eine Nachkriegsordnung im Osten hatten.

So marschierten ihre durch die sogenannten „roten lettischen Schützen" verstärkten Truppen schon zwei Wochen später in die junge lettische Republik ein, verhafteten, deportierten oder exekutierten die nationale Bourgeoise, darunter viele Deutschbalten. Sie besetzten Riga und riefen ein Sowjet-Lettland aus.

Die bürgerliche Regierung unter Karlis Ulmanis floh aus dem „roten" Riga nach Liepāja (Libau) um von dort die Entente um Hilfe anzuflehen.

Die für Lettland in der Entente zuständigen Engländer wiederum hatten beschlossen, nicht sie, sondern die deutsche Oberste Heeresleitung sei für den Schutz von Lettland verantwortlich. Sie gestatten der Armeeführung Freiwilligenverbände zum Kampf gegen die Bolschewiki und zur „Grenzsicherung Ost" aufzustellen.

Das war die Stunde der antibolschewistischen deutschbaltischen „Landeswehr", die um ihre Heimat und ihre Privilegien kämpfte. Es war auch die Chance der aus russischen Kriegsgefangenen bestehenden „Westarmee", die die Rote Armee in Kurland schlagen wollte, um das zaristische Imperium zu erneuern.

Und vor allem war es die Stunde der berühmt-berüchtigten Freikorps, deren Soldaten mit dem Versprechen, Siedlungsland im Osten zu erhalten, zu Abertausenden aus Deutschland nach Kurland gekommen waren. Dieser Krieg nach dem Krieg wurde auf kurländischem Boden so grausam geführt, dass selbst der spätere Kommandant von Auschwitz, Rudolf Höss, in seiner Autobiografie festhielt: „Ich glaubte damals, dass es eine Steigerung des Vernichtungswahns nicht mehr geben kann."

Es war ein undurchsichtiger Krieg auf eroberten, verlorenen, rückeroberten Schauplätzen, auf denen Zweckbündnisse geschlossen und genauso schnell wieder aufgekündigt wurden.

Es kämpften lettische Bolschewiki gegen nationale Patrioten, Letten gegen Esten, die wiederum mit der russischen Westarmee und den Freikorps gegen die Bolschewiken, dann die „Baltische Landeswehr" gegen die Letten und Esten und

Blick vom neuen Yachthafen auf den kleinen Fischereihafen von Pavilosta.

zuletzt die Letten mit Unterstützung der Entente gegen die Westarmee und die Freikorps, und endlich auch die Letten gegen die Bolschewisten. Erst im Januar 1920 waren die Rote Armee aus Lettland vertrieben, die „Baltische Landeswehr“ bei Cēsis geschlagen und die fast vernichtete Westarmee und die Freikorps aus Kurland abgezogen.

Ungezählt viele Menschen haben in diesen chaotischen Jahren zwischen 1917 und 1920 ihr Leben verloren, ganze Landstriche wurden verwüstet, komplette Ortschaften verschwanden von den Landkarten. Aber in Lettland herrschte endlich Frieden, der Aufbau des neuen Staates konnte beginnen.

Im Frieden von Riga am 11. August 1920 erkannte Sowjetrussland die Unabhängigkeit Lettlands „auf ewige Zeiten“ an und verzichtete „für immer“ auf territoriale Ansprüche. Ein Jahr später erkannten auch die Siegermächte des Ersten Weltkrieges die Souveränität an und nahmen Lettland, zusammen mit Estland und Litauen, in den Völkerbund auf.

Nach der Besetzung Lettlands durch sowjetische Truppen 1940 verlor Kurland seinen Status als eigenständige Provinz und wurde dem Gebiet Liepāja der Sowjetrepublik Lettland zugeschlagen.

Kurlandkessel

24 Jahre später wurde Kurland wieder zum Hauptkriegsplatz. Nachdem Anfang Oktober 1944 die Rote Armee im Osten und Süden schon

Erfinderisch: Badende Kinder benutzen die Reste der ehemaligen Befestigungsanlage im Kriegshafen Karosta als Sprungturm.

vor Riga stand, zogen sich die Verbände der Heeresgruppe Nord endgültig auf den kurländischen Raum zurück. Sieben Monate, bis zum Tag der Kapitulation am 8. Mai 1945, kämpften in sechs großen Schlachten 37 Divisionen der 16. und 18. Armee gegen etwa 120 sowjetische Divisionen um jeden Handbreit Boden. Es war eine ungeheure Material- und Menschenschlacht, die Zerstörungen sind heute noch zu sehen.

Überall im „Kurland-Kessel", zwischen Tukums im Norden, Saldus in der Mitte, Grobiņa bei Liepāja im Westen und Dobele im Osten finden sich bis auf die Grundmauern zerschossene Häuser, ragen brandgeschwärzte Kamine in den Himmel.

Im Kurland-Kessel kämpften auch Letten gegen Letten, beide, weil sie ihre Heimat befreien wollten: die einen von den Kommunisten, die anderen von den Faschisten. Die 19. Lettische SS-Division wurde von der Wehrmacht befehligt, das 103. Lettische Korps von der Roten Armee. Im Örtchen Džūkste (Siuxt) im kurländischen Semgallen standen sich die Gegner gegenüber. Dies ist heute noch ein nationales Trauma.

Am 8. Mai 1945 schwiegen die Waffen. Am Abend verließ das letzte Schiff den Kriegshafen Liepāja Richtung Kiel. Der letzte Kommandierende übergab die Heeresgruppe der sowjetischen Führung und ging mit 200.000 Soldaten in die Kriegsgefangenschaft. Anschließend durchkämmte das sowjetische Militär Kurland und überstellte alle Männer über 16 Jahre zur Überprüfung in sogenannte „Filtrationslager".

Ende 1947 befanden sich dort immer noch 28. 813 Personen. Eine unbekannte Anzahl, aber weit weniger als in Litauen oder Estland, war zuvor in die Wälder abgetaucht. Die letzten dieser „Waldbrüder", dabei auch desertierte deutsche Soldaten, wurden erst 1954 gefangen genommen.

Im Wartestand: Liepāja (Libau)

Die Hafenstadt Liepāja (russ. Libawa) befindet sich im Südwesten Lettlands. Die Stadt liegt auf den Dünen der Ostseeküste und im Küstentiefland zwischen der Ostsee und den Seen Liepāja und Tosmare.

Die Gesamtfläche beträgt 60,4 qkm. Liepāja ist mit 86.264 Einwohnern (Stand 2005) die drittgrößte Stadt Lettlands, 43.809 sind ethnische Letten, rund 30.500 sind Russen, von denen weniger als ein Drittel die lettische Staatsbürgerschaft beantragt haben (s. S. 130). Ihre deutsche Partnerstadt ist Darmstadt.

Die Stadt entstand aus einem Fischerdorf an der Mündung der Līva; urkundlich zum erstenmal erwähnt wird es als Lyva im Jahr 1253. Seit 1560 ist der Name Libau, bzw. Liepāja dokumentiert. Stadtrechte erhielt der Ort 1625 durch den Herzog von Kurland, der auch den Hafen am Unterlauf der Līva anlegen ließ. Im Nordischen Krieg hatte die Stadt schwer zu leiden, ein Drittel der Bewohner fiel der Pest zum Opfer.

Liepājas goldene Zeit waren die Jahre vor dem Ersten Weltkrieg. Die Zaren Alexander II. und Alexander III. forcierten die Industrialisierung durch den Bau der ersten west-östlichen Eisenbahnlinie (1876), die Vergrößerung des Handelshafen (1890) sowie durch den Bau von Kraftwerken (1899). Ab der Jahrhundertwende gab es eine regelmäßige Schiffsverbindung Liepāja–New York–Halifax. So wurde die Stadt um 1905/1906 auch zum größten Auswanderungshafen Russlands.

Um 1900 entstand in Hafennähe einer der größten Metallverarbeitungsbetriebe Westrusslands, sie zog zehntausende Neubürger an, vor allem aus den russischen Gouvernements von Litauen, Weißrussland und der Ukraine. Zwischen 1860

KARUNA
PRINCAS
IMPERIAL
Ekstra
Монарх
Горький
Король Лев
Для Тебя
ШОКОЛАД С ЛИКЕРОМ
ШОКОЛАД С ВИСКИ
0.45
0.50
0.40
0.60

SIA "Zālites-A"
0.25
0.10
0.15

Oben: Graffiti an den Betonwänden eines aufgegebenen Lagerhauses in der ehemaligen Kriegshafenstadt Karosta.
Vorhergehende Seite: Vielfältiges Angebot in den Markthallen von Liepāja.

und 1914 verachtfachte sich die Bevölkerungszahl auf einen Stand von 115.000 Einwohnern, das sind 30 Prozent mehr als heute.

Nachdem Zar Alexander II. den Juden erlaubt hatte, in Liepāja Immobilien zu kaufen und in die Handelsgilden einzutreten, entwickelte sich eine starke jüdische Mittelschicht. Sie trug erheblich zum Wohlstand der Stadt bei.

Als im Juni 1940 sowjetische Panzer in die Stadt rollten, wurde die Rote Armee, wie nirgends sonst in Lettland, von den Arbeitern begeistert empfangen. Man hielt sie für sozialistische Freunde, die sie von der 1934 errichteten Diktatur des Bauernparteiführers Karlis Ulmanis befreien würde (s. S. 164).

Ein Jahr später war die Freude vorbei. Am 14. Juni 1941 deportierten die Sowjets alleine aus Liepāja ca. 5.000 Menschen, das waren im Verhältnis zur Einwohnerzahl mehr als aus jeder anderen Stadt. Unter ihnen befanden sich, als Angehörige des Bürgertums und der Intelligenz, überproportional viele Juden.

Nach dem deutschen Einmarsch in die Sowjetunion gab es nur in Liepāja einen nennenswerten militärischen Widerstand, aber auch er dauerte nur Tage. Bis Mitte Dezember 1941 ermordeten SS-Einsatzgruppen die jüdische Bevölkerung der Stadt. In den letzten Tagen des Krieges wurde die Altstadt in Bombenangriffen stark zerstört. Auf den Brachflächen errichtete man später Plattenbauten, deren Anblick einfach trostlos ist. Wegen des sowjetischen Kriegshafens Karosta blieb Libau bis 1972 eine für Ausländer gesperrte Stadt.

Seit der Wiedererlangung der Unabhängigkeit hat die Stadt Schwierigkeiten, ihr Profil zu finden. Die Schließung des Militärhafens und der Zuckerfabrik, die Teilliquidierung der Metallfabrik und die darniederliegende Fischverarbeitungsindustrie führten zu einer hohen Arbeitslosigkeit und zu

In solchen Graffitibildern zeigt sich die Perspektivlosigkeit gerade der jungen russischen Bewohner von Karosta.

großen sozialen Problemen. Die Stadt ist sichtbar arm. Um die wirtschaftliche Entwicklung voranzutreiben, verabschiedete 1997 das lettische Parlament ein „Gesetz über die Einrichtung der Sonderwirtschaftszone Liepāja". Vor kurzem wurde auch der Flughafen modernisiert.

Erheblich investiert wird in die Kultur, die in Liepāja schon immer eine große Rolle spielte. Die Musikhochschule hat einen internationalen Ruf und um ihn noch aufzuwerten, beginnt in Kürze der Bau der modernsten Philharmonie Lettlands. Bis heute ist Liepāja auch ein Zentrum der Rockmusik. 1977 kam es bei einem Konzert der heute noch auftretenden Band „Livi" (Liven) zu antisowjetischen Demonstrationen, die vom Geheimdienst nur mit Mühe unterdrückt werden konnten.

Entwicklungsfähig ist vor allem der Tourismus. Der Strand ist in Liepāja 70 Meter breit und so fein, dass er früher für Sanduhren in alle Welt exportiert wurde. Und an der kilometerlangen Strandpromenade aus der Jahrhundertwende stehen prachtvolle Sommervillen aus Holz, die nur darauf warten, wiederhergerichtet zu werden.

Kriegshafen Karosta

Nördlich des historischen Zentrums von Liepāja befindet sich der Stadtteil Karosta, in dem der Kriegshafen liegt. Es ist der bizarrste Ort Lettlands. Mit etwa 19 qkm umfasst er ein Drittel der Fläche Liepājas. Zar Alexander II. wollte einen Militärhafen, der Russlands Imperium würdig war und sparte ab 1890 an nichts. Er ließ eine gewaltige Festung bauen, lange Piers und einen schützenden Kanal anlegen, der mit einer drehbaren, immer noch funktionierenden Eisenbrücke überspannt wurde.

Für die Soldaten entstand eine Militärstadt mit autonomer Infrastruktur. Eigene Wasser- und

Elektrizitätsversorgung und auch ein eigenes Gefängnis, in dem man heute für ein paar Lats die Nacht gruseln lernen darf. Mit seiner rot-weißen Backsteinarchitektur ist das Ensemble auch architektonisch einzigartig auf der Welt.

Wahrzeichen von Karosta ist der St.-Nikolaus-Dom, der größte orthodoxe Kirchenbau außerhalb von Moskau. Zar Alexanders Sohn, Nikolai II., verabschiedete in ihm die Schwarzmeerflotte, die dann 1905, nach einer Fahrt um die halbe Welt, in der Seeschlacht von Tushima mit 100.000 Mann von den Japanern versenkt wurde. Die Niederlage war das Ende der zaristischen Marine, Karosta wurde sich selbst überlassen.

1915 kam die deutsche Marine, dann die lettische Armee, im Zweiten Weltkrieg wieder die deutsche und anschließend wieder die sowjetische. Jede Armee hinterließ ihre Spuren. Nach 1945 wurde Karosta zur geschlossenen Stadt, nur die sowjetischen Armee-Angehörigen und ihre Familien durften dort leben. Neben den Offiziershäusern und den Kasernen aus der Zarenzeit wurden Wohnblocks im Plattenbaustil hochgezogen.

In dieser Stadt in der Stadt mit eigenen Geschäften, Schulen, eigenem Krankenhaus und eigener Post lebten, völlig isoliert von der zivilen Umwelt, 30.000 Menschen. Im Hafen lagen etwa 30 Atom-U-Boote sowie 140 Kriegsschiffe, die man nach Abzug der Sowjetarmee 1994 nach Kaliningrad schaffte.

Heute leben in Karosta wieder – oder noch – etwa 6.000 Menschen, zumeist frühere Armeean-

Rechts: Mitten in der trostlosen Plattenbau-Vorstadt Karosta steht die größte orthodoxe Kirche außerhalb Moskaus.
Unten: Ein nettes Restaurant mit gemütlichem Biergarten im Zentrum von Libau.

Stadtfest vor der Burg des Livländischen Ordens in Ventspils

gehörige niedriger Dienstgrade. Mit ihren Minimalrenten vegetieren sie unter dem Existenzminimum dahin. Das Wohngebiet ist verwahrlost, das ganze Gelände ist für Liepājas Stadtverwaltung ein wirtschaftlicher Albtraum.

Ventspils (Windau)

An der Mündung des Flusses Venta (Windau) liegt Ventspils, neben Liepāja die zweite Hafenstadt an der offenen Ostsee. Sie hat 43.800 Einwohner (Stand 2006), ein Drittel von ihnen sind russischer Herkunft.

Die Fläche beträgt 55 qkm. Man nennt Ventspils gerne das „lettische Rotterdam“, weil es der wichtigste Erdöl- und Chemieexporthafen der Sowjetunion gewesen ist und heute immer noch eine bedeutende Rolle als Industriestadt hat. Die deutsche Partnerstadt ist Stralsund.

Ventspils ist einer der ältesten Städte Kurlands. Die gut erhaltene und gut restaurierte Ordensburg stammt aus dem frühen 13. Jahrhundert. Dank der günstigen Lage ist Windau immer eine bedeutende Handelsstadt gewesen; 1430 trat es der Hanse bei.

Herzog Jakob Kettler stationierte hier seine Flotte, die ihm nach dem kolonialen Abenteuer in den Antillen und Westafrika (s. S. 190) von den Schweden weggenommen wurde. Im Jahr 1710 raffte die Pest alle Einwohner bis auf zehn dahin. Einen Aufschwung erlebte die Stadt erst wieder nach der forcierten Industrialisierung Mitte des 18. Jahrhunderts.

Nach der Wiedererlangung der Unabhängigkeit 1991 entwickelte sich Ventspils unter der Bürgermeisterschaft des früheren Sowjetfunktionärs Aivars Lembergs zu einer der erfolgreichsten Städte Lettlands. Er senkte die Arbeitslosigkeit durch kommunal subventionierte Arbeitsplätze, holte ausländisches Kapital in die Stadt und brachte die Innenstadt in Ordnung.

1997 gründete er die „Hochschule Ventspils“ mit dem Schwerpunkt Wirtschaft. Im gleichen Jahr schuf die Europäische Union in der Stadt ein

Technologie- und Informationszentrum zur regionalen Förderung von Unternehmensneugründungen im Hochtechnologiebereich. Im Frühjahr des Jahres 2007 wurde Lembergs verhaftet und wegen Geldwäsche, Korruption und Amtsmissbrauch angeklagt. In Ventspils gilt er weiter als Held. Das Hauptargument für ihn lautet: „Unsere Politiker stehlen alle, Lembergs hat wenigstens mit seiner Stadt geteilt."

Die Liven am Kap Kolka

An der einsamen Küste zwischen Ventspils und der kurischen Nordspitze Kolkasrags (Horn von Kolka oder Kap Kolka), gibt es sechs Fischerdörfer, in denen die letzten Nachfahren der Liven leben. Sie sind die kleinste und älteste ethnische Minderheit Lettlands. Statistisch erfasst und als Liven im Pass eingetragen sind heute weniger als 200 Personen, livischer Herkunft vielleicht noch einmal 1.000 Menschen. Ihr kulturelles Zentrum ist Mazirbe. Seit Beginn der Demokratiebewegung 1989 treffen sich jeden ersten Samstag im August Liven aus ganz Lettland, um ihre Kultur zu pflegen und zu sammeln, was verloren schien. Gerettet hat sie nur das Ende der Sowjetunion. Das Militär hatte ihnen durch ein Fischereiverbot die Lebensgrundlage genommen, dazu kam noch eine rigide Russifizierung. Dies beschleunigte ihre Abwanderung und das Aufgehen im lettischen Volk.

Aber es ist ein Wunder, dass es überhaupt noch Liven gibt, denn schon seit ihren Niederlagen gegen die Kreuzritter stirbt das über 5.000 Jahre alte Seefahrer-Volk aus. Den Stamm der Gauja-Liven gibt es schon seit 700 Jahren nicht mehr. Präsent ist nur noch ihr Volksname. Denn die Eroberer nannten das von ihnen zwangsbefriedete Land „Livland", so wie es in allen vor 1920 gedruckten Landkarten noch steht.

Die livische Sprache kann vermutlich heute niemand mehr, aber verloren ist sie nicht. Schon in den 20er Jahren haben Volkskundler ihre Legenden und Lieder in Film und Ton archiviert.

Als Schriftsprache ist Livisch im Umkreis der Volkskundebewegung Ende des 19. Jahrhunderts dokumentiert worden. Livisch ist eine finnougrische Sprache mit 45 Buchstaben, entfernt verwandt mit Estnisch, Finnisch und Samisch. Sie ist kaum zu übersetzen, weil es für ihre Sprachbilder keine Äquivalente gibt.

Das Gebiet der Liven rund um Kap Kolka liegt schon seit 1921 im Naturpark Slītere, doch zum einzigartigen Küstendschungel wurde das Gebiet erst, nachdem 1950 die Sowjets aus Angst vor der NATO die ganze Nordspitze zum militärischen Sperrgebiet erklärten. Niemand, außer den Bediensteten der riesigen Radaranlagen in Irbene, durfte die Halbinsel mit ihrem „Horn" besuchen. Etwas Besseres hätte den Tieren nicht passieren können, jetzt leben dort Luchse, Wölfe und Seeadler. Für die etwa 800 Menschen hingegen, die in Kolka selbst oder in einem der sechs Livendörfer gelebt hatten, bedeutete das Sperrgebiet das Ende ihrer jahrhundertealten Lebensform.

Ihnen wurde für den Lebensunterhalt eine Fischverarbeitungsfabrik hingeklotzt, aber selbst hinausfahren oder gar den Strand betreten, durften sie nicht. Auf 50 Kilometer Länge wurde der Sand jeden Tag frisch geharkt und in der Nacht schwenkten Blendscheinwerfer die Küstenlinie ab.

An der äußersten Spitze des Horns von Kolka ist seit ewigen Zeiten das gleiche Wunder zu bestaunen. Rechts liegt die Bucht von Riga, links die freie Ostsee. Und als ob die beiden Wasser nichts miteinander zu tun haben wollen, zieht sich zwischen ihnen eine sichtbare, scharfe, feine Trennlinie weit hinaus. Die Farbe, der Wellengang und sogar die Temperatur um viele Grade sind unterschiedlich. Der Melancholie von Kolka kann sich niemand entziehen.

Kuldīga (Goldingen)

Romantisch wie wenig andere Orte Lettlands ist hingegen das Landstädtchen Kuldīga (Goldingen) etwa 50 Kilometer südöstlich von Ventspils und 160 Kilometer westlich von Riga. Es hat 13.094 Einwohner (Stand 2005), die hauptsächlich von der Herstellung landwirtschaftlicher Produkte und traditionellem Kunsthandwerk wie Leinenweberei sowie vom Tourismus leben. Die Bevölkerung ist zu 95 Prozent lettischer Herkunft.

Die Ordensburg, von der nur noch Ruinen zu sehen sind, ist die älteste des Landes, sie wurde 1242–1245 am linken Ufer des Flusses Venta errichtet. Sie hieß früher Jesusburg, um dann in Goldingen umbenannt zu werden. Der Ort war

Eintritt frei: Die breit und gemächlich dahinfließende Venta ist im Sommer ein beliebtes Ausflugsziel für Badewillige.

einmal sehr bedeutend. Stadtrechte erhielt er 1355. Von 1561 bis 1698 residierten hier die Herzöge von Kurland, heirateten hier und bekamen hier ihre Kinder. Als sie schließlich Mitau (Jelgava) zur Residenz machten, vereinsamte die Stadt.

Im 19. Jahrhundert erlebte Kuldīga einen zweiten Aufschwung. Nachdem der Zar den Juden erlaubt hatte Unternehmen zu gründen, entstanden in Goldingen neben zwei Lederfabriken mit „Vulkan" die größte Streichholzfabrik von ganz Nordosteuropa.

Um 1860 waren von den etwa 4.000 Bewohnern, ein Drittel Juden. Wie alle Juden West-Kurlands benutzten sie als erste Sprache Deutsch. Jiddisch, wie die Juden im östlichen Teil vom Zemgale und in ganz Latgalen sprachen sie nur selten. Mit fast 50 Prozent stellten die Deutschbalten die größte Bevölkerungsgruppe, sie gründeten das Theater, eine Zeitung und das Gymnasium.

Die neuen Fabriken zogen Arbeiter an und so konstituierte sich 1886 in der Stadt der erste „Bund der Sozialdemokraten" aller drei russischen Ostseeprovinzen. Im gleichen Jahr wurde das Lehrerseminar von Riga nach Goldingen verlegt. Während der Revolution von 1905 begannen die Studenten der Stadt für Meinungsfreiheit zu demonstrieren, erst danach streikten die Arbeiter der umliegenden Güter.

Nach dem Einmarsch der Deutschen 1941 in Lettland begannen in Kuldīga, wie überall im Land, die Pogrome gegen die Juden. Sie stellten zu der Zeit etwa ein Zehntel der Stadtbevölkerung. Sie wurden erst in der Synagoge interniert und später von SS und „Lettischer Hilfspolizei" (Aizsargi) im Wald erschossen.

In den 50er Jahren baute man den Tempel zu einem Kino um. Seit 1994 ist es geschlossen. Im Herbst 2007 fand in Kuldīga ein internationales

Seminar zur Zukunft der Synagoge statt. Weil sich die Stadt um Aufnahme in die UNESCO-Liste „Erbe der Menschheit“ beworben hat, wird die zukünftige Nutzung wohl nicht nur regional entschieden werden.

Abgesehen von der lieblichen Lage besitzt Kuldīga eine schmuck restaurierte Altstadt mit buntgestrichenen Holzhäusern, schmalen Gassen und hübschen Plätzen, aber der Stolz der Bewohner ist ihr Wasserfall Ventas-Rumba. Mit 270 Metern Breite gibt es keinen ausladenderen in Europa. Was spielt es da für eine Rolle, dass er höchstens anderthalb Meter fällt.

Im Süden: Zemgale (Semgallen)

Die gesamte Zemgaler Region umfasst eine Fläche von 13.621 qkm und hat etwa 180.000 Bewohner. Sie grenzt an alle historisch bedeutsamen Regionen Lettlands und im Süden auf etwa 300 Kilometer Länge an Litauen. Die Hauptstadt ist Jelgava.

Zu der Region Zemgale gehören die Kreisstädte Bauska (Bauske) mit 10.393 (Zensus 2005) und Dobele (Doble) mit 10.823 Einwohnern. Hinzu kommen Jelgava (Mitau, s. u.) sowie das Gebiet links der Daugava (Düna) und der größte Teil des Gebiets um Tukums (19.000 Bewohner) einschließlich einiger Fischerdörfer an der Rigaer Bucht.

Das Land östlich von Bauska gehört zwar zu Zemgale, trägt aber den eigenen Namen Augšzeme (Oberlettland). Seine inoffizielle Hauptstadt ist Jēkabpils (Jakobstadt) mit etwa 26.000 Einwohnern. Zu diesem Landschaftsgebiet gehören die Städte Aizkraukle (Ascheraden), die mit etwa 9.000 Einwohnern in unmittelbarer Nähe des Wasserkraftwerkes Pļaviņas an der Düna (s. S. 110) liegt, sowie Daugavapils, in der Region Latgale (s. S. 222).

Der Name „Semgallen“ leitet sich von dem einst dort lebenden Volksstamm der Semgaller (Zemgali) ab, die zusammen mit den Litauern in der entscheidenden Schlacht von Schaulen (Siauliai) 1236 den Schwertbrüderorden vernichtend schlugen. Auch dessen Nachfolgern, den Rittern des Deutschen Ordens, bescherten die Semgaller mehrere empfindliche Niederlagen.

Die Reste mächtiger Ordensburgen sind noch in Dobele (1335) und in Bauska (1443) zu sehen. Letztere liegt, früher strategisch wichtig, heute nur noch landschaftlich beeindruckend, hoch über dem Zusammenfluss von Muša und Mēmele in die Lielupe (Kurländische Aa) auf der Halbinsel Kirbaksala. Sie wurde in den 70er Jahren teilweise restauriert.

Landschaftlich charakteristisch für Zemgale ist das von vielen Flüssen durchzogene Flachland von der Rigaer Bucht bis um Bauska. Geschützt vom Kurländischen und Augšzemer Hochland ist das Klima sonniger als anderswo und die sogenannte „Braunerde“ besonders fruchtbar. Soweit das Auge reicht, wogen hier die Getreidefelder, das Zemgaler Flachland wird deshalb „Brotkorb von Lettland“ genannt.

Bis zum Beitritt in die EU war die Ebene auch das lettische Zentrum für den Zuckerrübenanbau und deren Verarbeitung. Aus Quotengründen wurde die Produktion eingestellt, aber ohne wirtschaftliche Alternativen geschaffen zu haben. Die Arbeitslosigkeit ist in dieser Gegend, abgesehen von den touristischen Zentren, hoch, zumal die Flächenstillegung viele Nahrungsmittelproduzenten zum Aufgeben gezwungen hat.

Im südlichen Teil von Zemgale, nah an der litauischen Grenze und linksseitig der Daugava, befinden sich sehr viele Herrenhäuser und Schlösser aus dem 19. Jahrhundert, die es aufgrund ihrer kunstgeschichtlichen Bedeutung wert wären,

Oben: Einer der unzähligen lettischen Seen, hier im Naturpark Tervete. **Nachfolgende Doppelseite:** Schloss Jelgava ist neben Rundale das zweite Prunkschloss des Herzogs Ernst Johann von Biron.

wieder restauriert zu werden. Sie alle sind entweder 1905 oder in den Kämpfen von 1919 zerstört worden. Herausragendestes Beispiel aus der Zeit des Klassizismus ist das Schloss Elly (1806-1910) bei Eleja.

Jelgava (Mitau)

Die Stadt ist mit 66.136 Einwohnern (Stand 2005) die viertgrößte Lettlands und breitet sich auf einer Fläche von 60 qkm beidseitig des Flusses Lielupe (Kurländische Aa) aus. Im Zweiten Weltkrieg zu 90 Prozent zerstört, entwickelte sie sich in der Lettischen SSR zu einer wichtigen Industriestadt mit breiten Straßen, Eisenbahnknotenpunkt und Flughafen. Nach der Schließung der großen Zuckerfabriken und Flachsspinnereien sank die Einwohnerzahl um 15 Prozent. Noch ist Jelgava Zentrum des Landmaschinenbaus und anderer metallverarbeitender Betriebe.

Die frühere Schönheit der Stadt mit ihren am Fluss aufgereihten klassizistischen Stadtvillen ist nur noch zu ahnen. Ebenfalls kaum spürbar ist, dass Mitau über 200 Jahre repräsentativer Mittelpunkt des Herzogtums Kurland und später bis 1918 des kurländischen Gouvernements im Zarenreich war.

Der bedeutendste Bau ist das gewaltige Barockschloss, das der kurländische Herzog Ernst Johann von Biron (s. S. 192) 1736 bei dem italienischen Baumeister Rastrelli in Auftrag gab. Um Steine zu gewinnen, ließ er die Deutschordensburg aus dem 13. Jahrhundert sprengen.

Es sollte an italienische und französische Prunkschlösser erinnern: Schloss Rundāle, auch das „baltische Versaille" genannt.

Mit 150 Metern Länge und 300 Gemächern übertraf es in seinen Ausmaßen das frühere Berliner Schloss bei weitem. Anfang des 19. Jahrhunderts fand hier der aus Frankreich geflohene König Ludwig XVIII. Zuflucht.

Den prachtvollen Bau äscherten die Bolschewiki 1919 auf ihrem Rückzug ein. Was übrig geblieben war, verbrannte im Feuersturm von 1944. Der Wiederaufbau der Fassade erfolgte in den Jahren der Lettischen SSR. Heute ist hier die Landwirtschaftsakademie Lettlands untergebracht.

Schloss Rundāle (Ruhenthal)

Mitten zwischen Getreidefeldern, 11 Kilometer von Bauska und 19 Kilometer von der litauischen Grenze entfernt, befindet sich Lettlands architektonisch und künstlerisch bedeutendstes Schloss Rundāle. Auf Kosten der Zarin Anna I. ließ sich hier ihr Günstling Herzog Ernst Johann von Biron eine Sommerresidenz bauen, die an Frankreich und Italiens Prunkschlösser erinnert und daher das „baltische Versailles" genannt wird.

Der berühmte italienische Architekt Bartolomeo Francesco Rastrelli, Schöpfer des Winterpalais in St. Petersburg und später auch des Schlosses in Mitau, plante und überwachte den Bau. Für das Fundament ließ er die Steine der zerstörten mittelalterlichen Burg Rundāle verwenden.

Mehr als 1.000 Handwerker und Künstler arbeiteten ab 1736 in Rekordtempo, bis der Tod der Zarin Birons Absturz in die Verbannung mit sich brachte. Erst unter seinem Nach-Nachfolger wurde der Bau fortgesetzt und 1768 als Sommerresidenz der kurländischen Herzöge eingeweiht. Nach zahllosen Zerstörungen begann 1972 die umfassende, bis heute noch nicht gänzlich abge-

Die ehemalige lettische Präsidentin Vaira Vike-Freiberga empfing während ihrer Regierungszeit viele Gäste auf Schloss Mežotne.

schlossene Restaurierung des Schlosses und des französischen Schlossparks mit seinen Springbrunnen und Pavillons. Teile sind als Museum eingerichtet, manchmal empfängt die lettische Regierung hier auch Staatsoberhäupter und Könige.

Schloss Mežotne (Mesothen)

Das bezaubernde Schloss Mežotne liegt nicht weit von Rundāle entfernt inmitten eines alten Landschaftsparks am Ufer der Lielupe. Um 1800 im klassizistischen Stil erbaut und reich mit Bemalungen und Stuck ausgestattet, schenkte es Zarin Katharina die Große der Gouvernante ihres Sohnes, Fürstin Charlotte von Lieven.

In den Nachkriegskämpfen 1919 kommandierte deren Nachfahre Fürst Anatol Lieven unter dem Oberbefehl der „Baltischen Landeswehr" eine russische Kampfgruppe gegen die Bolschewiki. Aus Rache zündeten die besiegten Soldaten das immer noch der Familie gehörende Schloss an.

Ab 1958 wurde es einschließlich des außergewöhnlichen Kuppelsaals wieder hergestellt und zum Verwaltungszentrum einer Zuckerrübenkolchose. Vor einigen Jahren erneut restauriert, dient es heute der lettischen Regierung als Repräsentationsgebäude. In den Sommern wird es auch als Hotel genutzt.

Im Osten: Latgale (Lettgallen)

Von allen Regionen Lettlands ist Latgale das unbekannteste, auch touristisch unterentwickeltestes Gebiet. Es unterscheidet sich vom Rest des Landes fundamental.

Mit 14.457 qkm ist es etwas größer als Kurland und Zemgale und bildet den an Russland, Weißrussland und Litauen angrenzenden Ost- und Südostteil des Landes.

Die größte Stadt der Region und gleichzeitig zweitgrößte Stadt Lettlands, ist Daugavpils (Dünaburg). Stadtrechte besitzen noch das anmutige Krāslava (Kraslau) an der Düna mit 38.000 Einwohnern, die alte Industriestadt Rēzekne (Rositten) mit rund 37.000 sowie die kleineren Ortschaften Balvi (Bolwen) mit 8.100 und Ludza (Ludsen) mit 10.000 Einwohnern.

Zur Region gezählt wird auch der am rechten Ufer der Daugava (Düna) gelegene Ortsteil von Jēkabpils (Jakobstadt, der linke Ortsteil gehört zu Zemgale), sowie die östlich der Vidzemer Städte Madona und Aiviekste gelegenen gleichnamigen Kreise.

Latgale hat so viele Gewässer, dass es den Beinamen „Land der blauen Seen" trägt. Dazu kommen viele Sumpfgebiete und unter strengstem Naturschutz stehende Moore (s. S. 110)

Die Besonderheiten Latgales erklären sich aus dem Sonderweg, den die Region über Jahrhunderte bis 1919 gegangen ist.

Es ist der Landesteil, der nach dem Zerfall des Deutschen Ordens (1561) weder zu Schwedisch-Livland wurde wie der nördlich gelegene Teil, noch zu einem selbstständigen Herzogtum wie Kurland einschließlich Semgallen. Stattdessen fiel Latgale unter polnisch-litauische Oberherrschaft, was ihm den Namen „Polnisch-Livland" einbrachte.

Wüsste man nicht von der Armut der Anwohner, könnte man die Hütte am Ufer des Flusses fast als idyllisch bezeichnen.

Nach 210-jähriger Zugehörigkeit zum katholischen Polen öffnete sich erneut ein Sonderweg. Während das Schwedische Livland nach dem Nordischen Krieg 1721 zu einer faktisch selbstständigen Russischen Ostseeprovinz wurde und mit 75 Jahren Verzögerung auch das Herzogtum Kurland, wurde „Polnisch-Livland“ in der ersten Teilung Polens 1772 dem russischen Gouvernement Pleskau (russ. Pskow) unterworfen und einige Jahrzehnte später dem weißrussischen Witebsk.

Diese 409 Jahre, in denen sich das Gebiet Latgale kulturell, sprachlich und vor allem konfessionell anders entwickelte als die „deutschen Ostseeprovinzen Russlands“, erklärt, warum diese Region auch im heutigen Lettland eine Sonderstellung einnimmt.

Die Latgaler sind mehrheitlich katholisch, viele orthodox, sie sprechen ein Lettisch, das außerhalb der Region kaum verstanden wird. Im Durchschnitt sind sie um ein Vielfaches ärmer und schlechter ausgebildet als ihre Nachbarn in Kurland und Livland und haben bei der Abstimmung zum Beitritt in die EU im Jahr 2003 mit übergroßer Mehrheit mit „nein“ gestimmt. Und die Letten sind eine ethnische Minderheit in Latgale.

Denn seit Jahrhunderten lebt hier eine gemischte Bevölkerung, die Grenzen nach Osten sind hier immer schon durchlässig gewesen. Es kamen Russen, Weissrussen, Ukrainer, Polen, Litauer. Letztere kamen, um zaristischen Verfolgungen zu entgehen oder dem Militär oder um der noch größeren Armut zu Hause zu entfliehen.

Die Ruinen der alten Ordensburg von Ludza im Abendlicht.

Sie ist das Ziel der alljährlichen Mariä-Himmelfahrt-Prozessionen: die weiße Basilika von Aglona

Nach den Pogromen Mitte des 17. Jahrhunderts in der Ukraine folgten ihnen die Juden ins Land. Diese zog es in die Städte. Um 1900 betrug der jüdische Bevölkerungsanteil in Rēzekne und Ludzas 54 Prozent, in Daugavpils 46 Prozent, hier gab es über 40 Synagogen.

Im Unterschied zu den Juden in Livland oder Kurland sprachen sie nicht Russisch oder Deutsch, sondern Jiddisch. Diese Welt ist 1941 vernichtet worden. Das Zentrum des Katholizismus im sonst protestantischen Lettland befindet sich am Rande der lettgalischen Seenplatte, in Aglona (Aglohn).

Dort steht eine weiße, dreischiffige, barocke Basilika mit zwei 60 Meter hohen Türmen. Jedes Jahr am 15. August zu Mariä Himmelfahrt ist sie Ziel Tausender Pilger. Sie nehmen an Prozessionen teil und beten vor dem Marienbild der Muttergottes von Aglona, das wundertätig sein soll. Auch Papst Johannes Paul II. kam bei seinem Lettlandbesuch 1993 zum Beten hierher.

Daugavpils (Dünaburg, russ. Dwinsk)

Die Bevölkerung von Daugavpils ist in den letzten 15 Jahren um über 10 Prozent gesunken. Anfang des Jahres 2006 zählte die zweitgrößte Stadt Lettlands 109.482 Einwohner. 59 Prozent von ihnen sind Russen, 14 Prozent Letten, 13 Prozent Weißrussen, und 8 Prozent Ukrainer.

Wie verwurzelt die russische Bevölkerung in Latgalen generell und speziell in Daugavpils ist,

Latgale ist eine der ärmsten Regionen in Lettland, dafür aber von großer landschaftlicher Schönheit.

zeigen die Anträge zur Erlangung der lettischen Staatsbürgerschaft. Von den rund 60.000 Russen der Stadt, hatten bis zum Jahr 2003 genau 40.742 den Bürgerpass, seit dem EU-Beitritt soll die Zahl noch deutlich angestiegen sein.

Stadt und Burg wurden 1275 zum erstenmal erwähnt, jedoch im Livländischen Krieg zerstört. Ihre heutige Bedeutung erhielt die Stadt, als man sie in Erwartung von Napoleons Überquerung der Düna zu einer Festungs- und Garnisonsstadt ausbaute.

Mit dem Anschluss an das Eisenbahnnetz im 19. Jahrhundert entwickelte sie sich zu einer Industriestadt. 1920, im Friedensvertrag mit Räterussland, kam Daugvapils zur jungen Republik Lettland. 1941, bei der Eroberung durch die Wehrmacht, wurde die Stadt sehr stark zerstört, ein zweites Mal 1944 bei der Rückereroberung durch die Rote Armee.

Ihr heutiges Gesicht bekam die Stadt in der sowjetischen Zeit. Kasernen, graue Plattenbauten in schachbrettförmig angelegten engen Straßen, dazu kommt eine hohe Arbeitslosigkeit.

Optimisten sprechen von 30, Pessimisten von 60 Prozent. Die großen Lokomotivwerke und Metallkombinate sind inzwischen privatisiert und dezentralisiert, die Arbeit wegrationalisiert.

Seit die Düna oberhalb der Stadt mehrfach gestaut ist, wird Daugavpils nicht mehr, wie früher oft, überflutet. Die Rigenser lästern, dies sei schade.

Litauen – Grünes Land im Süden

Überblick

Mit 65.000 Quadratkilometern Fläche ist Litauen nach Lettland der größte der drei baltischen Staaten. Die Bevölkerungsdichte beträgt 53 Menschen je Quadratkilometer. Seit 2004 gehört Litauen wie die baltischen Nachbarländer zur NATO und zur EU, seit 2007 auch zu den Unterzeichner-Staaten des Schengener Abkommens.

Hauptstadt ist Vilnius (Wilna) mit 553.000 Einwohnern. 2009 ist die südlichste Metropole des Baltikums Kulturhauptstadt Europas, 2011 ist Litauen außerdem Bühne für die Basketball-Weltmeisterschaft.

Geografisch ist Litauen in der Osteuropäischen Tiefebene angesiedelt. Das Land grenzt im Westen an die Ostsee, im Südwesten an das zu Russland gehörende Gebiet Kaliningrad, im Süden an Polen, im Osten an Weißrussland und im Norden an Lettland. Es besitzt das kürzeste Stück Meeresküste unter den baltischen Staaten. An Wasser herrscht dennoch kein Mangel. Litauen kann auf mehr als 700 Flüsse und 2.800 Seen verweisen, dazu gehört unter anderem die große Seenplatte im Aukštaitija-Nationalpark.

Linke Seite: Altes Fischerhaus in Nida.
Unten: Die meisten der lettischen Bauernhöfe liegen als Einzelgehöfte verstreut auf dem Land.

Größter Strom des Landes ist die Nemunas (Memel), die in Weißrussland entspringt. Die wohl berühmteste Landschaft Litauens ist eine 98 Kilometer lange Landzunge, die an ihrer schmalsten Stelle keine 400 Meter misst: die Kurische Nehrung – ein wunderschönes, dünn besiedeltes, aber fragiles ökologisches System aus Kiefernwäldern und einer spektakulären Dünenlandschaft, zu der eine der höchsten Dünen Europas zählt.

Ansonsten sind Litauens Erhebungen jedoch moderat: Der Juozapinės kalnas (Josephinenberg) ist mit 294 Metern der höchste „Berg" des Landes. Über 30 Prozent des Staatsgebiets bedecken Wälder, es gibt 200 Naturschutzgebiete. Litauen besitzt fünf Nationalparks: den Aukštaitija-Park, den Dzūkija- und den Žemaitija-Nationalpark, die Kurische Nehrung und den Historischen Nationalpark Trakai, zu dem außer einer Wasserburg sowie einem Städtchen gleichen Namens auch die umliegende Seenplatte gehört.

Trotz der reichen Flora und Fauna – besonders auffällig sind die vielen Störche, die man im Sommer auf den Wiesen und in ihren Nestern sieht – hat die Ära als Sowjetrepublik ein mangelhaft ausgeprägtes Umweltbewusstsein in der Bevölkerung sowie schwere Umweltprobleme

Rechte Seite: Der See bei Schloss Trakai ist ein beliebtes Naherholungsgebiet.
Unten: Litauens größte Kormoran- und Reiherkolonie befindet sich in der Nähe von Judokrante.

V2641

ROGER WATERS

Vorhergehende Doppelseite: Fußgängerzone im geschäftigen Zentrum von Kaunas.
Oben: Auf den Friedhöfen erkennt man leicht, dass Litauen sehr katholisch ist.

im Land hinterlassen. Dazu zählt vor allem die exzessive Verwendung von Chemikalien in der Landwirtschaft. Zudem hängt ein Atomreaktor vom selben Typ wie Tschernobyl am Netz – und zwar in unmittelbarer Nachbarschaft zum größten Nationalpark des Landes. Die schrittweise Abschaltung des Kernkraftwerks in Ignalina war Teil der Vereinbarungen, die Litauens Beitritt zur EU begleiteten.

Trotz des gemeinsamen Schicksals als Sowjetrepubliken wider Willen unterscheidet Litauen sich in vielerlei Hinsicht von Lettland und Estland. Zwar verdanken alle drei Länder seit der Wende dem Tourismus wichtige Impulse, doch ist die wirtschaftliche Entwicklung seit der Unabhängigkeit ganz unterschiedlich verlaufen – in Litauen wesentlich schleppender als etwa in Estland.

Lettland und Estland sind außerdem protestantisch geprägt, Litauen hingegen katholisch. Die Gründe dafür liegen in der Geschichte: Während Litauens Nachbarn im Norden neben der Vereinnahmung durch Russland vor allem mit Übergriffen aus Skandinavien und Deutschland zu tun hatten, bildete Litauen über Jahrhunderte eine Einheit mit dem katholischen Polen.

Auch sprachlich verbindet die drei jungen Republiken, die in Deutschland gerne das gemeinsame Etikett „Baltikum" erhalten, wenig. Das Litauische ist zwar neben dem Lettischen das letzte lebendige Idiom des baltischen Zweigs der

Verbergen sich unter diesem Grabhügel die Geheimnisse von Litauens früher Geschichte?

indo-europäischen Sprachfamilie, doch sind beide Sprachen komplett verschieden. Gemeinsamer sprachlicher Nenner aller drei Länder ist am ehesten Russisch, das noch immer an den Schulen unterrichtet wird – wiewohl vor allem die junge Generation auch Englisch und viele Menschen, insbesondere in der Tourismusbranche, auch Deutsch beherrschen.

Klima

Litauens Klima ist aufgrund seiner Lage an der Küste gemäßigt kontinental. Das bedeutet warme Sommer, einen milden, kurzen Frühling und Herbst sowie lange, harte Winter, die von Oktober bis April dauern. Bis – 25 °C kann das Thermometer dann sinken; die Durchschnittstemperatur im Januar, dem kältesten Monat, beträgt nur – 5,1 °C. Zwischen Juni und August wird es verhältnismäßig warm. Zwar gibt es auch heiße Sommertage, doch die Durchschnittstemperatur liegt im wärmsten Monat Juli bei moderaten 17 °C.

Geschichte

Frühzeit

Um 2500 vor Christus siedelten sich im heutigen Litauen indogermanische Stämme an. Kurz vor der Zeitenwende begannen die baltischen Stämme, Bernsteinhandel mit dem Römischen Reich zu treiben. Das berühmte „Gold der Ostsee“ lockte ab dem 7. Jahrhundert auch Wikinger an die Küste, die sich allerdings nicht mit Handelsbeziehungen aufhielten, sondern Beutezüge unternahmen. Wichtig fürs litauische Nationalbewusstsein ist das Jahr 1009.

Damals wurde das Land erstmals schriftlich erwähnt, nämlich als „Litua“ in den Quedlinburger Annalen. Berichtet wurde über die Litauer in für die folgende Epoche typischer Manier: Man hatte versucht, das heidnische Volk zu missionieren – ohne Erfolg.

Epoche der Christianisierung

Die heidnischen Litauer weckten bald die Aufmerksamkeit der Ordensritter. Papst Innozenz hatte 1199 zum Kreuzzug ins Baltikum aufgerufen. Im Jahre 1200 – kurz nach der Errichtung erster Handelspunkte durch Kaufleute des mittelalterlichen Städtebunds der Hanse – landeten ihre Heere an der Daugava. Mit dem Kreuz kamen sie jedoch nicht weiter: Als einzigem baltischen Volk gelang es den Litauern, sich der Unterwerfung und somit der Christianisierung zu entziehen. Bei Šiauliai schlugen sie 1236 die Kreuzritter des Schwertbrüderordens und konnten verhindern, dass Litauen zum Livländischen Ordensstaat kam.

Im Jahr 1250 vereinigte Fürst Mindaugas alle litauischen Stämme. Aus taktischen Erwägungen ließ er sich taufen. Nicht zu seinem Nachteil,

Bernsteinfischer in der Ostsee.

denn bald darauf wurde er mit päpstlichem Segen König des geeinten Landes. Die Taufe blieb indessen ein Lippenbekenntnis. Als Mindauges im Jahre 1263 ermordet wurde, kehrte Litauen eilig zu seinen heidnischen Bräuchen zurück. Auf ihre Position als letztes heidnisches Volk Europas verweisen die katholisch gefestigten Litauer noch heute nicht ohne Stolz.

1323 fand auch die Hauptstadt Vilnius erstmals schriftlich Erwähnung. Großfürst Gediminas holte zur Stadtgründung deutsche Kaufleute und Handwerker ins Land. Sie errichteten im noch immer heidnischen Litauen die St. Nikolaus-Kirche. Um diese Zeit erweiterten Gediminas und seine Söhne Algirdas und Kestutis ihren Einflussbereich nach Osten und hielten im Westen noch immer das Heer des Deutschen Ordens auf Distanz, der den Schwertbrüderorden abgelöst hatte.

Union mit Polen

Das Jahr 1385 markiert einen einschneidenden Punkt in der litauischen Geschichte: Durch die Heirat von Algirdas' Sohn Jogaila mit der erst zehnjährigen polnischen Thronerbin Jadwiga kam die Union Litauens mit Polen zustande, die Jahrhunderte dauern sollte.

Der Preis für Braut und Bündnis war Jogailas Bekenntnis zum römischen Christentum und die Zusicherung, auch sein Land zu bekehren. In der

Bernstein, das „Gold der Ostsee"

Folge wurden massenhafte Taufen in Litauen verzeichnet. Zugleich wurde das Land zu einem der größten Reiche in Europa.

Ab 1401 wurde die Macht im Reich geteilt. Jogaila regierte Polen, sein Cousin Großfürst Vytautas Litauen. Der Stärke des Reichs tat das keinen Abbruch: 1410 schlug Polen-Litauen den Deutschen Orden in der Schlacht bei Tannenberg vernichtend. 20 Jahre später starb Vytautas ohne Erben, Jogailas Sohn Kasimir wurde litauischer Großfürst. Der polnische Einfluss nahm zu.

Das erste Buch in litauischer Sprache erschien 1547 in Königsberg; es war eine Übersetzung von Martin Luthers Katechismus. Doch die Litauer zeigten wenig Begeisterung für neue theologische Ideen. Die Reformation fand hier nur während einer kurzen Zeit Anhänger. Weil die Sprache der Elite Polnisch war, konnte sich auch die Volkssprache in der Literatur zu diesem Zeitpunkt nicht durchsetzen.

1569 wurden Polen und Litauen unter polnischer Führung vereinigt. 200 Jahre lang regierte fortan ein Monarch beide Länder. Mit einem Großangriff Iwan des Schrecklichen begann 1558 der livländische Krieg, der bis 1582 wütete und Litauen geschwächt zurück ließ. 1655 besetzte Russland mit Vilnius und Kaunas die beiden wichtigsten Städte des Landes.

Rechte Seite: Litauische Katholiken beten vor dem Muttergottesbild in der Kapelle im Ausros-Tor in Vilnius.
Unten: Litauens Nationalflagge zeigt die Farben Gelb, Grün, Rot.

Während des Großen Nordischen Kriegs von 1700 bis 1721 zog Polen-Litauen an der Seite Peters des Großen erfolgreich gegen Schweden. Durch den Aufstieg der Siegermacht Russland wurde Polen-Litauen jedoch langfristig geschwächt.

Russische Herrschaft

Das Ende des 18. Jahrhunderts sah auch das Ende Polen-Litauens. Russland, Preußen und Österreich teilten sich das einstige Riesenreich; Litauen geriet dabei unter den russischen Herrschaftsbereich. Die Fremdherrschaft und die schlechte wirtschaftliche Lage begünstigten Massenauswanderung auf der einen und die Entwicklung einer polnischen und später auch litauischen Befreiungsbewegung auf der anderen Seite. 1830/31 kam es zum ersten Aufstand, der vor allem vom polnischen Adel getragen wurde. Als Reaktion wurde 1832 die Universität Vilnius geschlossen.

Dem zweiten Aufstand im Jahre 1863 schlossen sich nach der halbherzigen Befreiung von der Leibeigenschaft auch litauische Bauern an. Der Aufstand wurde von der Armee des Zaren rigoros niedergeschlagen. Tausende Litauer wurden nach Sibirien verschleppt, die beteiligten Adeligen enteignet. Es begann eine Epoche der „Russifizierung", die das Problem litauischen Eigenwillens mit einer Reihe drastischer Maßnahmen ein für alle Mal lösen sollte: Die lateinische Schrift wurde zugunsten der kyrillischen verbo-

Vorhergehende Doppelseite: Das Eingangstor zum jüdischen Friedhof in Krekenava.
Rechts: Abbildung Luthers mit deutscher Inschrift an der Kirche von Silute.
Unten: Ethnografisches Freilichtmuseum in Rumsiskes.

DAS WORT SIE SOLLEN LASSEN STAHN

Auch ein Erbe der Sowjetunion – hässliche Plattenbauten nicht nur in Klaipėda.

ten. Litauer ließen ihre Bücher daraufhin allerdings in Preußen drucken und schleusten sie heimlich zurück ins eigene Land.

In den Schulen unterrichteten russische Lehrer in russischer Sprache. Russisch-orthodoxe Kirchen ersetzten die katholischen. Und um das aufsässige Gebiet noch besser kontrollieren zu können, wurden russische Bauern in Litauen angesiedelt.

Der Weg zum Nationalstaat

Die umfangreichen Repressalien beförderten aber vor allem eines: die Entwicklung einer nationalen Unabhängigkeitsbewegung. Die Litauer besannen sich nun erst recht auf ihre nationale Identität, die sie durch ihre Literatur und ihre Lieder erhielten und pflegten.

1904 wurde das Druckverbot in lateinischer Sprache aufgehoben. Die Revolution von 1905 bescherte den Litauern außerdem mehr Rechte im Russischen Reich. Sie waren in der Duma vertreten und bekamen einen Landtag.

Im Ersten Weltkrieg besetzten die Deutschen das Land. Der Zusammenbruch Deutschlands und Russlands 1917/18 bedeutete für Litauen wie für die baltischen Nachbarn die Chance, unabhängig zu werden. Unter Vorsitz von Antanas Smetona entstand 1917 der Litauische Rat. Am 16. Februar 1918 wurde die Republik Litauen ausgerufen. Dieser Tag wird bis heute als Unabhängigkeitstag gefeiert.

1920 erkannte die Sowjetunion Litauen als souveränen Staat an. Ruhe kehrte trotzdem nicht ein. Als das neu konstituierte Polen Vilnius be-

Oben: Die Luisenbrücke – Grenzübergang von Litauen nach Tilsit. **Folgende Seite:** Die vielen unterschiedlichen Gedenktafeln am Berg der Kreuze zeugen von der wechselhaften Besetzungsgeschichte Litauens.

setzte, wurde Kaunas Hauptstadt. Ein Jahr nach seiner Aufnahme in den Völkerbund 1922 annektierte Litauen das zu Ostpreußen gehörende Memelgebiet rund um die Stadt Memel (heute Klaipėda). 1924 erhielt es Autonomiestatus unter litauischer Oberhoheit.

Nach einem Militärputsch wurde 1926 Antanas Smetona Staatspräsident. Er löste das Parlament auf und blieb 13 Jahre im Amt.

Zweiter Weltkrieg

Mit dem Deutsch-Sowjetischen-Nichtangriffspakt von 1939 wurde das Baltikum in einem geheimen Zusatzprotokoll der sowjetischen Interessenssphäre zugeordnet – was bedeutete, dass die Sowjetunion die im Ersten Weltkrieg verlorenen Gebiete besetzen konnte, ohne dass Deutschland eingreifen würde. Litauen musste sowjetische Militärstützpunkte im Land akzeptieren und sollte dafür das Gebiet um Vilnius von Polen zurückerhalten, nachdem die Rote Armee Ostpolen besetzte.

Im Juni 1940 besetzten sowjetische Truppen dann Litauen; nach manipulierten Wahlen folgte der Zwangsbeitritt zur Sowjetunion, den diese als freiwillig bezeichnete.

Ab 1941 begann mit Massendeportationen nach Sibirien und der deutschen Besatzung eines der dunkelsten Kapitel der litauischen Geschichte. Bis 1944 verfolgten und ermordeten die Deutschen fast die gesamte jüdische Bevölkerung. In Vilnius, Kaunas und Šiauliai entstanden Gettos. Mehr als 200.000 litauische Juden wurden umgebracht.

HEINRICH SCHMIDT
08.02.1922
in
Neukirchen
DEUTSCHLAND
gefallen
in
LITAUEN
PAŃSTWOWY
ZUM ANDENKEN
DER VOM RUSSISCHEN
KOMMUNISMUS IN 1941-1944
IN LITAUEN GETÖTETEN
DEUTSCHEN SOLDATEN.

Besetzung durch die Sowjetunion

Im Herbst 1944 eroberte die Rote Armee Litauen zurück und setzte eine kommunistische Regierung ein. Tausende Litauer flohen in Richtung Westen und emigrierten von dort vor allem nach Australien, Kanada und in die USA. Sofort begann im Land der Widerstand gegen die Besatzer.

Nach dem Krieg wurde die Landwirtschaft zwangskollektiviert. Bis 1953 wurden 200.000 Litauer nach Sibirien verschleppt. Rigoros zerschlugen die Besatzer während der 50er-Jahre aufrüherische Aktivitäten. Russen wurden angesiedelt, das Land industrialisiert. 1972 kam es zu den ersten Demonstrationen, nachdem sich der Student Romas Kalanta aus Protest gegen das System in Kaunas mit Benzin übergoss und verbrannte. Die Verhältnisse änderten sich nicht. Noch 1983 wurden die Wortführer der baltischen Oppositionen in Arbeitslager geschickt.

Zeit des Widerstands

Wenig später aber formierten sich jene Umweltbewegungen, aus denen Unabhängigkeitsbestrebungen hervorgingen. 1987 kam es dann im Windschatten der Perestrojka zu ersten öffentlichen Protesten gegen die Sowjets. Am 23. August 1988 versammelten sich in Vilnius 250.000 Menschen, um an den 49. Jahrestags des Hitler-Stalin-Paktes zu erinnern.

Zum 50. Jahrestag 1989 bildete sich die legendäre Menschenkette von Vilnius über Riga bis nach Tallinn. Zwei Millionen Menschen sangen dabei

Vorhergehende Seite: Ein Verhörraum des KGB im KGB-Museum in Vilnius nährt die Erinnerung an die Zeit russischer Herrschaft.
Unten: Eher ärmlich sind auch heute noch die Verhältnisse auf dem Land.

ihre verbotenen traditionellen Lieder – Höhepunkt der friedlichen „Singenden Revolution“.

Im Dezember sagte sich die litauische Kommunistische Partei von der KPdSU los; im Januar 1990 kam Michail Gorbatschow nach Vilnius und schloss ein Mehrparteiensystem nicht mehr aus.

Die ersten freien Wahlen seit 1940 fanden am 4. März statt; die Unabhängigkeitsbewegung „Sajudis“ errang dabei einen klaren Sieg. Am 11. März 1990 erklärte Litauen als erster der drei baltischen Staaten seine Unabhängigkeit. Vytautas Landsbergis wurde der erste Präsident der Republik Litauen.

Doch noch war die Souveranität Litauens ein zerbrechliches Gebilde: Bei einem sowjetischen Putschversuch in Vilnius im Januar 1991 starben 14 Zivilisten. Im Februar ergab jedoch ein Referendum, dass 90,5 Prozent der Litauer die Unabhängigkeit wünschen.

Zum zweiten Mal unabhängig

Island erkannte die litauische Republik 1991 als erster Staat an. Nach dem Putsch in Moskau im August 1991 erklärten auch Estland und Lettland ihre Unabhängigkeit. Am 6. September erkannte die Sowjetunion die Unabhängigkeit ihrer ehemaligen Satellitenstaaten an. Noch im selben Monat wurden alle drei in die Vereinten Nationen aufgenommen. Zwischen 1993 und 1999 verließen die sowjetischen Truppen die baltischen Staaten; etwa 1,5 Millionen Russen blieben im Baltikum.

Der ehemalige Leuchtturm bei Vente im Mündungsdelta der Memel. Hier befand sich vermutlich auch ein russischer Horchposten.

Tradition und Moderne anmutig vereint: Junge Litauerinnen bei einer Folkloreveranstaltung telefoniern mit ihren Mobiltelefonen.

1998 wurde Valdas Adamkus litauischer Präsident. Im Jahr 2004 trat Litauen der NATO und der EU bei. Auch die Innenpolitik verlief ereignisreich: Staatspräsident Rolandas Paksas wurde wegen Korruptionsverdachtes seines Amtes enthoben. Sein Nachfolger wurde wiederum Valdas Adamkus.

GESELLSCHAFT

Von den 3,4 Millionen Einwohnern sind 83,5 Prozent Litauer, dazu kommen Polen und Russen mit 6,7 und 6,3 Prozent; die restliche Bevölkerung setzt sich aus Angehörigen anderer Nationalitäten, vor allem Weißrussen, Ukrainern und Letten, zusammen. Somit ist die litauische Gesellschaft wesentlich homogener als die Estlands und Lettlands – und die Auseinandersetzung mit der ehemaligen Besatzermacht, die hier nicht einen guten Teil der Bevölkerung stellt, verläuft auf einer abstrakteren Ebene als dort.

Insgesamt ist die Bevölkerungszahl rückläufig. Die Gründe sind Auswanderung – seit der Wende sind mehr als 200.000 Menschen emigriert –, die Rückkehr von Russen in ihre Heimat sowie eine mit 8,49 Geburten pro 1000 Einwohner niedrige Geburtenrate. Der Anteil der Bevölkerung über 65 Jahren liegt bei 15,5 Prozent, die durchschnittliche Lebenserwartung beträgt 74,2 Jahre.

Litauen ist zu etwa 80 Prozent katholisch. Im Alltag hat die Religion hier noch immer einen hohen Stellenwert. Auch das unterscheidet Litauen von seinen nördlichen Nachbarn. Zum einen sind diese aufgrund ihrer Geschichte protestantisch geprägt; zum anderen spielt dort die Religion zumeist nurmehr eine marginale Rolle: Die Kirchen dort haben wenig Mitglieder, und deren Teilnahme am kirchlichen Leben beschränkt sich häufig auf Feste und Feiertage.

Auch das ist ein Erbe der Sowjetzeit: Während dieser wurde Atheismus von staatlicher propagiert, die meisten Kirchen waren geschlossen oder wurden zu kulturellen Zwecken oder auch ganz prosaisch als Lagerräume genutzt. In Litauen blieb die Religion dagegen – vergleichbar mit der Situation im Nachbarland Polen – für einige Menschen eine individuelle Nische in der Konformität der sozialistischen Gesellschaft, für andere war sie Ausdruck des inneren Widerstands. Seit der Wende hat die Religion in Litauen eine neue Blüte erlebt.

POLITIK

Wie Lettland und Estland pflegt auch Litauen das System parlamentarischer Demokratie. Staatsoberhaupt ist der Präsident, dem hier aber nicht nur repräsentative Aufgaben zufallen, sondern der vor allem in der Außenpolitik und in der Regierungsbildung besondere Rechte besitzt. Ein Vetorecht erlaubt ihm außerdem, vom „Seimas" genannten Parlament erlassene Gesetze abzublocken. Regierungschef ist der Ministerpräsident. Seit 2006 ist der Sozialdemokrat Gediminas Kirkilas Amtsinhaber.

Die Parteienlandschaft Litauens ist vielfältig bis hin zur Zerfaserung. Die Programme der Parteien orientieren sich häufig eher an Personen als an Inhalten – womöglich eine Reaktion auf die jahrzehntelange Überfrachtung aller Bereiche des Lebens mit der herrschenden Ideologie.

Eine erste Feuerprobe hatte die junge litauische Demokratie zu bestehen, als Präsident Roland Paksas einem russischen Freund den litauischen Pass verkaufte. Dieser Freundschaftsdienst kostete ihn das Amt. Sein Nachfolger wurde 2004 der parteilose Valdas Adamkus, der bereits von 1998 bis 2003 litauisches Staatsoberhaupt war und das Land zur EU- und NATO-Mitgliedschaft führte. Adamkus, der Jahrzehnte lang im Exil in den USA lebte, steht für eine westlich orientierte Politik. Die nächsten Präsidentschaftswahlen ste-

Wirtschaftlich von großer Bedeutung für Litauen ist der Hafen von Klaipėda.

hen im Juni 2009 auf der Tagesordnung. Auch in der EU wird sich das noch neue Mitglied einbringen: In der zweiten Hälfte des Jahres 2013 übernimmt Litauen die EU-Ratspräsidentschaft.

WIRTSCHAFT

Das kleine Land holt gewaltig auf. Obwohl Litauen im Jahr 2004 zu den ärmsten EU-Beitrittsländern gehörte, zählte es zugleich zu den am schnellsten wachsenden Volkswirtschaften in Europa. Noch immer ist das Bruttoinlandsprodukt im Wachstum begriffen. Allerdings ist nach Einschätzung des deutschen Auswärtigen Amts der Höhepunkt dieses Booms erreicht; die hohen Wachstumsraten der zurückliegenden Jahre sollen bereits ab 2008 sinken. Und allen positiven Zahlen zum Trotz sieht die Realität für die meisten Litauer wesentlich weniger euphorisch aus, denn im Durchschnitt verdienen sie im Monat weniger als 400 Euro.

Vor der Wende waren Nahrungsmittelerzeugung und Landwirtschaft die wichtigsten Wirtschaftsfaktoren der Sowjetrepublik. Nach der Privatisierung der Wirtschaft wurden das Transportwesen, Maschinenbau, Textilindustrie, Holz- und Forstwirtschaft sowie in zunehmendem Maß auch der Tourismus zu den zentralen Erwerbsquellen.

Wichtigster Exportpartner ist Deutschland nach Russland und Lettland, wichtigste Importpartner sind wiederum Russland und Deutschland. Problematisch ist die Tatsache, dass Litauen in

Oben: Landwirtschaftliche Betriebe sind im modernen Litauen kaum dazu geeignet, ihren Besitzern zu Reichtum zu verhelfen.
Nachfolgende Doppelseite: Moderne Speicheranlagen im Hafen von Klaipėda.

der Energieversorgung in hohem Maß von Russland abhängt, das Erdgas- und Rohöl nach Litauen liefert.

Geradezu drastisch ist der Unterschied des Entwicklungsniveaus in Städten und in ländlichen Regionen. Das ist auch für Besucher augenfällig: Während in Vilnius die Menschen geschäftig in ihre Laptops tippen, sieht man auf dem Land, wie Bäuerinnen am Abend mit einem Schemel auf die Weide gehen, um ihre Kühe von Hand zu melken. So schön diese idyllische Form der Landwirtschaft anzuschauen ist, ist sie doch kaum dazu geeignet, soliden Wohlstand zu erwirtschaften.

Die rund 8,5 Milliarden Euro aus EU-Mitteln, die bis zum Jahr 2013 nach Litauen fließen, sollen deshalb außer in den Ausbau der Infrastruktur, in die Energieversorgung und ins Bildungs- und Gesundheitswesen vor allem in die Entwicklung der ländlichen Gebiete investiert werden. Auf dem Land ist nämlich noch immer annähernd ein Drittel aller Haushalte weder an die Wasserversorgung noch an die Abwasserentsorgung angeschlossen. Solche Lebensbedingungen begünstigen in Zusammenhang mit wenig Beschäftigung die Landflucht der Bevölkerung.

Um Kapital aus dem Ausland nach Litauen zu locken, hat man sich einige Anreize einfallen lassen. So sind ausländische Investoren rechtlich einheimischen Unternehmen gleich gestellt. Außerdem erwarten die Geldgeber hier unternehmerfreundliche Steuersysteme.

RMS ARAMON

ŠTAS
7

4

Oben: Der Seehafen Klaipėda ist nicht nur Anlaufpunkt für die Fähren aus Skandinavien, Polen und Deutschland, von hier aus werden auch Erdöl- und Chemieprodukte per Tanker verschifft. Vorhergehende Doppelseite: Straßenszenen aus Vilnius.

Erschwerend wirkt sich indessen aus, dass seit dem EU-Beitritt viele Facharbeiter ins westliche Ausland abgewandert sind, die in der litauischen Wirtschaft nun spürbar fehlen. Dabei ist die Arbeitslosigkeit mit einer offiziellen Quote von 2,8 Prozent extrem niedrig – auch wenn angenommen wird, dass die tatsächliche Arbeitslosigkeit bei gut vier Prozent liegt.

In Litauen befindet sich mit Mažeikių Nafta die einzige Erdölraffinerie des Baltikums. Zu der Anlage gehören auch zwei Erdöl-Pipelines. Im Jahr 2006 wurde die Raffinerie allerdings von einem polnischen Konzern übernommen.

Ein neues Atomkraftwerk soll 2015 das Werk in Ignalina mit seinen bedenklichen Reaktoren vom Tschernobyl-Typ ablösen. Diesem Atomkraftwerk obliegen noch immer gut drei Viertel der litauischen Stromversorgung.

Litauens wichtigster Flughafen ist Vilnius, den diverse Fluggesellschaften aus den Nachbarstaaten, Deutschland und dem übrigen Europa aus anfliegen. Das nahe der litauischen Grenze gelegene Liepāja (Lettland) wird während der Sommersaison angeflogen.

Innerhalb des Landes ist der Transport mit Überlandbussen wesentlich weiter verbreitet als der über die Schiene. Auch nach Lettland, Estland und Russland gelangen Reisende wesentlich leichter per Bus als per Eisenbahn. Wichtigster Hafen ist der Seehafen in Klaipėda, der das ganze Jahr über eisfrei ist. Der Euro soll im Jahr 2010 Zahlungsmittel werden.

Oben links: Mittelalterliche Kunst – das angeblich wundertätige Muttergottesbild im Tor der Morgenröte von Vilnius
Oben rechts: Eine Steinskulptur des Großfürsten Gediminas

KUNST UND KULTUR

Musik

Musik spielt eine zentrale Rolle im litauischen Kulturleben, und in Form der berühmten Sängerfeste ist sie sogar eng mit der Unabhängigkeitsbewegung verbunden. Seit 2003 zählt die UNESCO die großen Sängerfeste, die in allen drei baltischen Staaten stattfinden, zum Weltkulturerbe.

Litauen feierte 1924 sein erstes Sängerfest. In den Jahrzehnten der Unterdrückung ließen sich mittels alter Lieder das Bewusstsein einer nationalen Identität erhalten und freiheitliche Ideale transportieren, heute wird bei den traditionellen Festen beides gefeiert.

Die Tradition, schon lange vor der „singenden Revolution" fester Bestandteil der nationalen Identität, ist auch ohne politische Nöte lebendig geblieben. Alle vier bis fünf Jahre findet ein großes Sängerfest statt. Zwischendurch versammelt man sich zu kleineren Festen von regionaler Bedeutung.

Zu den großen Festen reisen aus der ganzen Welt ausgewanderte Litauer an, tagelang singen Chöre überall in Vilnius – oder versammeln sich in der Arena der Hauptstadt. 30.000 Sänger fasst die dortige Bühne. Angesichts solcher Zahlen ist es nicht verwunderlich, dass der größte Chor der Welt während eines baltischen Sängerfestes zusammen kommen soll.

Nachwuchssorgen bestehen nicht; Folklore ist in Litauen eine die Generationen verbindende Leidenschaft. So sieht man bei den Sängerfesten schon die Jüngsten in traditionellen Kostümen. Sie tragen sie nicht weniger stolz als ihre Eltern.

AENNCHEN VON THARAU
MEIN REICHTUM MEIN GUT

Oben: Er war kein Litauer, aber er hatte ein Sommerhaus in Nida auf der kurischen Nehrung: Thomas Mann.
Links: Der Simon-Dach-Springbrunnen in Klaipėda; die Figur darauf stellt Ännchen von Tharau dar.

Literatur

Litauens Literatur spiegelte immer auch die Lage eines Landes, das unter dem beständigen Druck äußerer Kräfte eine eigene Identität finden und behaupten musste. Die ersten Bücher, die in litauischer Sprache gedruckt wurden, waren Katechismen, die im 16. Jahrhundert erschienen. Es folgten Grammatiken, Kirchenlieder und Bibelübersetzungen.

Durch die politische Situation und die sie begleitende Unterdrückung einer eigenen litauischen Identität musste Litauen lange auf die Entstehung einer eigenen Literatur warten. 1818 aber trat Kristijonas Donelaitis mit seiner Versdichtung „Die Jahreszeiten“ hervor, die zum Nationalepos wurde.

Die deutschbaltischen Autoren gehörten eher unter geografischem Aspekt zur Literatur des Landes. Zu ihnen gehört der deutschsprachige Dichter und Autor Hermann Sudermann (1857-1928), der in Matzicken im Memelland geboren wurde. Er schrieb unter anderem „Die Reise nach Tilsit und andere litauische Geschichten“ (1917).

Die neue Realität des Daseins in einer Sowjetrepublik ließ viele Literaten zunächst verstummen; zu groß war die Angst vor Repressalien. Erst nach dem Ende der Stalin-Jahre kam wieder Bewegung ins literarische Leben – für viele Autoren wie etwa den Lyriker Bernardas Brazdžionis führte diese allerdings in Richtung Westen, ins Exil. Das Schreiben blieb auch nach der Ära Stalin gefährlich in der Sowjetrepublik; schon wer sich dabei der litauischen Sprache

bediente, galt leicht als verdächtig. Anerkennung fanden indessen vor allem Texte, die die Ideologie des Regimes spiegelten.

Dem 1953 in Kaunas geborenen Autor Saulius Tomas Kondrotas gelang es unter diesen Bedingungen jedoch, durchaus originelle Erzählungen und Romane zu veröffentlichen – bis auch er 1986 in den Westen emigrierte.

Ričardas Gavelis, Jahrgang 1950, vermied es während der Sowjetzeit, Romane zu schreiben, weil er keine Möglichkeit zur Veröffentlichung dessen sah, was ihn bewegte. Stattdessen verfasste er Dramen und Kurzprosa. 1989 legte er dann den Roman „Poker in Vilnius“ vor, eine persönliche Auseinandersetzung mit der Ära des Stalinismus.

Der litauische Essayist, Romancier und Übersetzer Jurgis Kunčinas (1947–2002) wurde als Student zwangsexmatrikuliert, weil er nicht am vorgeschriebenen Wehrkunde-Unterricht teilnahm; seine Arbeiten wurden nicht gedruckt. Mit dem 1998 erschienenen Roman „Mobile Röntgenstationen“ war er auch im Ausland erfolgreich.

Nach der Wende war das Interesse an bislang verbotener Lektüre aus dem eigenen Land groß; dann ließ die Lust auf einheimische Literatur nach. Das lag zum einen daran, dass Bücher sich im Kapitalismus als teuer erwiesen, zum anderen daran, dass die Menschen nun ihre Neugier auf ausländische Literatur ausleben konnten. Seit der Unabhängigkeit erscheinen deutlich mehr Übersetzungen als früher, die den Markt für Literatur aus Litauen kleiner machen.

Vorhergehende Doppelseite: Im Tal der Issa (Pseudonym für den Fluss Nevezis bei Krekenava) beschreibt der Nobelpreisträger Cesłav Miłosz seine Kindheit. **Unten:** Die leider viel zu früh an einem Krebsleiden verstorbenen Schriftstellerin Jurga Ivanauskaitė war eine der ersten, die nach der Wende mit ihren Romanen auch im Ausland Erfolg hatte.

Einigen zeitgenössischen litauischen Autoren ist es gelungen, international auf sich aufmerksam zu machen. Jurga Ivanauskaitė (1961-2007) gehörte zu den Talenten, die nach der Wende auch im Ausland erfolgreich wurden. Mit dem Roman „Die Regenhexe“ landete sie 1993 einen Bestseller mit begleitendem literarischen Skandal.

Die in Vilnius geborene Autorin verwob darin die Geschichten dreier Frauen, die in unterschiedlichen Epochen die Liebe als vernichtende Schicksalsmacht erleben. Dass eine davon Maria Magdalena ist, die nächste eine Gefangene mittelalterlicher Inquisitoren und die dritte eine Frau im Vilnius der Nachwendezeit, die sich nicht von der verbotenen Liebe zu einem katholischen Priester lösen kann, bereitete ihren Landsleuten einige Schwierigkeiten mit der Rezeption der „Regenhexe“.

Der Bestseller wurde von der staatlichen Ethik-Kommission als „antichristlich und pornografisch“ bezeichnet. Dass er deshalb nur in Erotikläden verkauft werden durfte, tat seinem Erfolg indessen keinen Abbruch. 2005 erschien Ivanauskaitės utopischer Roman „Placebo“, der wiederum in ihrer Heimatstadt spielt. Die Schriftstellerin erlag 2007 einem Krebsleiden.

Ein gelungenes Debüt legte 2002 die 1970 geborene Autorin und Literaturkritikerin Renata Šerelytė mit „Sterne der Eiszeit“ vor. In diesem Roman kontrastiert sie trübes litauisches Landleben zur Sowjetzeit mit der schillernden Bohème-Szene der Hauptstadt nach der Wende.

Herkus Kunčius, 1965 in Vilnius geboren, veröffentlichte 2005 den Roman „Ornament“. Eugenijus Ališanka, der 1960 im Exil im sibirischen

Die litauische Autorin und Literaturkritikerin Renata Šerelytė

Der litauische Autor und Übersetzer Teodoras Cetrauskas

Barnaul geboren wurde, hat sich als Dichter einen Namen gemacht. Auf Deutsch erschien 2005 sein Gedichtband „Aus ungeschriebenen Geschichten", in dem er sich auch mit der neuen Position Litauens im demokratischen Europa auseinandersetzt. Ališanka lebt in Vilnius, und ist Chefredakteur eines Literaturmagazins.

Bildende Kunst

Mikalojus Konstantinas Čiurlionis, 1875 im in der Nähe von Druskininkai gelegenen Varena geboren, ist eine der zentralen Figuren in der litauischen Kulturgeschichte. Als Künstler gelang es dem Maler und Musiker, die Grenzen zwischen beiden Kunstformen aufzuheben, indem er seine Bilder nach musikalischen Gesetzen gestaltete.

Zugleich spielte der polnischsprachige Künstler eine wichtige Rolle bei der Entwicklung eines litauischen Nationalgefühls. In sinfonischen Dichtungen wie „Im Walde" (1901) – womit er nichts Geringeres als eine eigenständige litauische Musikgeschichte begründete – oder „Das Meer" (1907) ist seine Liebe zur traditionellen Folklore zu spüren. Seine Gemälde, auf die er ab 1910 sein Hauptaugenmerk richtete, prägt eine Vorliebe für Mythologie.

Čiurlionis schrieb Musik für Klavier und Geige, engagierte sich in der nationalen Unabhängigkeitsbewegung und verband 1907 beides miteinander, indem er die erste Ausstellung litauischer Kunst überhaupt organisierte. Als er mit 35 Jahren in Warschau an einer Lungenentzündung starb, hinterließ er dreihundert Gemälde. Sein Werk ist in dem nach ihm benannten Nationalmuseum in Kaunas ausgestellt.

Für die moderne Kunstszene ist das Zentrum für Zeitgenössische Kunst (CAC) in Vilnius von besonderer Bedeutung. Es besitzt keine eigene

Oben: Der Schritsteller Jurgis Kunčinas hatte mit seinem Titel „Mobile Röntgenstationen" auch im Ausland Erfolg. **Nachfolgende Doppelseite links:** Eine Bronzeskulptur vor der Zilinskas-Galerie. **Nachfolgende Doppelseite rechts:** Eine Skulptur des amerikanischen Pop-Musikers und Multitalents Frank Zappa findet der überraschte Besucher in der Kalinausko-Straße.

Sammlung, sondern zeigt wechselnde Arbeiten zeitgenössischer litauischer Künstler sowie ambitionierte internationale Ausstellungen. Mit 2.400 Quadratmetern stellt es das größte Ausstellungspotenzial für zeitgenössische Kunst im Baltikum dar. Seine Wurzeln hat das „CAC" in der Euphorie des Umbruchs. Mit nur 24 Jahren wurde Kestutis Kuizinas 1992 Direktor des Hauses – just zu dem Zeitpunkt, als der 1968 eröffnete „Kunstausstellungspalast" keiner Ideologie mehr folgen musste, sondern nur noch der Kunst verpflichtet sein durfte. Kuizinas schuf mit dem „CAC" ein Forum für die junge Generation. Er stellte Arbeiten seiner Kommilitonen von der Kunstakademie in Vilnius aus.

Durch die Vermittlung ausländischer Botschaften in der Hauptstadt knüpfte er Kontakte zu Künstlern aus der ganzen Welt, die er nach Litauen holte. Heute gilt das „CAC" als eine der führenden Adressen für zeitgenössische Kunst im Baltikum. Kuizinas präsentiert in einem halben Dutzend Großausstellungen pro Jahr die neuesten Entwicklungen der Kunstszene.

In Vilnius ist das „CAC" umstritten – vielen Hauptstadtbewohnern sind die nicht immer leicht zugänglichen Arbeiten und Installationen suspekt. Auch wenn der äußerlich eher abschreckende Sowjetbau Vilnius in der Welt der Kunst zu einem Begriff gemacht hat.

Dass litauische Künstler überdurchschnittlich häufig auf internationalen Ausstellungen vertreten sind, ist ebenfalls dem „CAC" zu verdanken. Ein Beispiel sind Gediminas und Nomeda Urbonas (geboren 1966 und 1968). Das wohl erfolgreichste litauische Künstlerpaar stellt regelmäßig im Ausland und immer wieder auch im „CAC" aus.

Vilnius (Wilna)

Den Namen bekam die Stadt durch den Fluss Vilnia, was soviel wie „Welle" bedeutet. Vilnius ist mit 553.000 Einwohnern eine übersichtliche Hauptstadt, deren Sehenswürdigkeiten sich in der schönen, kopfsteingepflasterten Altstadt geradezu ballen. Sie ist von barocker Architektur geprägt, die ihren Plätzen und Palästen einen Hauch italienischer Atmosphäre verleiht. Doch auch Gotik und Renaissance sind mit stilreinen Beispielen vertreten. 2009 ist die litauische Metropole europäische Kulturhauptstadt und feiert zudem ihren 1.000. Geburtstag. Vilnius besitzt eine lebhafte Musik- und insbesondere Jazz-Szene. Als Festivalstadt genießt die Hauptstadt sogar internationalen Ruhm.

Die stolze Zahl von 1.900 Gebäuden rechnet die UNESCO zum Weltkulturerbe. Fast jedes zweite Haus stammt aus dem 16., 17. oder 18. Jahrhundert. Mit einer Fläche von 360 Hektar gehört die Altstadt zu den größten in Europa.

Die vielen düsteren Kapitel seiner Geschichte sind Vilnius durchaus nicht mehr anzusehen: Die Höfe der ältesten Universität des Baltikums, die verschlungenen Gassen, die barocken Türme und Paläste sind mit viel Aufwand und Sorgfalt restauriert worden. Auch von sozialistischer Tristesse ist im Zentrum nichts mehr zu erkennen, die Fassaden leuchten in frischen Pastellfarben. Den Titel der Europäischen Kulturhauptstadt hatte man zum Anlass genommen, die Bettenkapazitäten auszubauen und weitere Restaurierungsarbeiten – zum Beispiel am Rathausplatz – in Angriff zu nehmen.

Das „Jerusalem des Nordens" wurde Vilnius seit dem 14. Jahrhundert genannt. Zeitweise erschienen in der Stadt sechs jüdische Zeitungen, es gab 105 Synagogen. Vor dem Zweiten Weltkrieg war fast die Hälfte der Bevölkerung jüdisch. Weil die Stadt auch als Welthauptstadt jüdischer Studien galt, sagte man einstmals, ein Schuster aus Vilnius kenne den Talmud besser als ein Rabbi aus New York. Dem Massenmord der Deutschen an der jüdischen Bevölkerung fielen in Litauen mehr als 200.000 Menschen zum Opfer. Heute sind nur 0,1 Prozent der Bewohner von Vilnius Juden.

Im 17. und 18. Jahrhundert verwüsteten immer wieder Brände Teile der Stadt. Doch von da an überstand Vilnius alle Wechselfälle der Geschichte verhältnismäßig unbeschadet, und so zählt es heute zu den am besten erhaltenen Altstädten Osteuropas. Den Namen gibt der Stadt der Fluss Vilnia: die „Welle".

Vilnius ist eine Stadt der Gotteshäuser – mehr als 30 katholische, zehn russisch-orthodoxe sowie eine Handvoll für Altgläubige, Protestanten und und Karaiten, Angehörige einer turkstämmigen Volksgruppe, die eine Lesart des jüdischen Glaubens angenommen hat. Hinzu kommt noch eine Synagoge.

Obere Burg

Das Wahrzeichen von Vilnius ist der achteckige Gediminas-Turm, ein Überbleibsel der Oberen Burg aus dem 14. Jahrhundert. Der „Hügel der Drei Kreuze" etwas weiter oberhalb erinnert an sieben franziskanische Mönche, die hier zur Zeit des Großfürsten Gediminas von Heiden gekreuzigt worden sein sollen, welche ihrer skeptischen Haltung zu Missionierungsversuchen unmissverständlich Ausdruck verliehen.

Vier Mönche warfen sie anschließend ins Tal hinab, drei ließen sie an den Kreuzen hängen. Seither erinnern hier drei Kreuze an den Märtyrertod der Missionare. 1950 allerdings sprengten die sowjetischen Besatzer die Kreuze. Erst 1989 wurden neue aufgestellt – dieses Mal aus Eisenbeton.

Oben: Der Platz vor der Kathedrale von Vilnius. **Vorhergehende Doppelseite links:** Eine Installation von 3.000 alten Fernsehern verhalf dem litauischen Künstler Gintaras Karosas zu einem Eintrag ins Guinness-Buch der Rekorde. **Vorhergehende Doppelseite rechts:** Der Turm der zur Universität gehörenden Johanneskirche in Vilnius.

St. Stanislaus-Kathedrale

Am Fuß des Hügels steht die St. Stanislaus-Kathedrale mit weißer, klassizistischer Fassade. Ihr Turm mit Glockenspiel befindet sich ein Stück neben dem Hauptbau. Schon in vorchristlichen Zeiten soll es an diesem Ort einen Altar gegeben haben. 1258 stiftete Mindaugas nach seiner Taufe hier die erste christliche Kirche; zwei Jahre später wurde er darin gekrönt. Doch bald schon wurde an ihrer Stelle wieder ein heidnischer Tempel errichtet.

Die heutige römisch-katholische Kirche stammt im Wesentlichen aus dem 14. Jahrhundert. Im Lauf der Jahrhunderte wurde sie immer wieder von Kriege und Feuersbrünste verwüstet. So ist ein Stilgemisch aus klassizistischem Äußeren und von Gotik und Barock geprägtem Interieur entstanden.

Von den insgesamt elf Kapellen sticht die barocke Kasimir-Kapelle besonders heraus: Fresken stellen Szenen aus dem Leben des litauischen Schutzheiligen St. Kasimir dar, der hier im 17. Jahrhundert beigesetzt wurde. Ein Darstellung zeigt den heiligen Mann mit drei Händen. Der Legende zufolge hatte man wiederholt versucht, die überzählige rechte Hand zu übermalen; jedoch soll sie immer wieder zum Vorschein gekommen sein. Schließlich verzichtete man auf weitere Übermalungsversuche.

Während der Sowjetzeit wurde die Kirche zweckentfremdet und fungierte als Gemäldegalerie; 1989 wurde sie den Gläubigen zurückgegeben. Nur vier Jahre zuvor war der Kathedralenschatz aus Monstranz, Kelchen und Gewändern gefunden und vor den Besatzern versteckt gehalten worden, um zu verhindern, dass er nach Moskau verschwinden würde.

Ausgestellt wird er bislang nicht. Vor dem Portal markiert ein Stein im Boden die Stelle, an der am 23. August 1989 die Menschenkette begann, die über Riga bis nach Tallinn reichte. „Stebuklas" steht auf dem Stein: „Wunder".

Die Protestaktion gegen die sowjetischen Besatzer wurde von traditionellen, von den Sowjets verbotenen Liedern in Litauisch, Lettisch und Estnisch begleitet, und sowohl die Friedfertigkeit als auch der Erfolg dieser „Singenden Revolution" mögen in der Tat wie ein Wunder erscheinen. Gegenüber vom Kathedralenplatz – dem ältesten Platz der Stadt - erstreckt sich die Altstadt am linken Ufer der Neris.

Universität

Die 1579 als Jesuitenkolleg gegründete Universität Vilnius ist eine der ältesten in Europa und die älteste im Baltikum. 1832 wurde sie als „Herd gefährlicher Gedanken" vom Zarenregime geschlossen und erst 1919 wieder eröffnet. 23.000 Studenten sind heute in zwölf Fakultäten eingeschrieben. Die Universität gruppiert sich um zwölf Höfe. In ihren Gebäuden findet sich jeder wichtige Baustil der vergangenen 400 Jahre wieder. Besonders sehens-

Treffpunkt der Jugend im abendlichen Vilnius.

wert ist der Große Hof mit der Johanneskirche. Sie wurde 1387 zunächst in gotischem Stil erbaut und entwickelte sich über die Zeit zum schwelgerischen Barockbau mit gewaltigen Marmorsäulen. Seit 1773 ist sie Universitätskirche – wiewohl sie während der Sowjetzeit als Wissenschaftsmuseum diente. Vom Alumnatas-Hof der Universität sieht man den Präsidentenpalast, der seit 1996 Amtssitz des litauischen Präsidenten ist. Erbaut wurde er ursprünglich als Bischofspalast. Doch nicht jeden vermochte der Bau zu beeindrucken: „Ein nicht so übler Palast", vermeldete Napoleon nüchtern nach Paris.

St. Kasimir-Kirche

Die barocke Kirche des Heiligen Kasimir wurde 1604 errichtet und ist dem Schutzpatron Litauens gewidmet. Seine Reliquien werden heute allerdings in der Kathedrale aufbewahrt.

Das Gotteshaus mit der rosaweißen Fassade erlebte im Lauf der Geschichte der Stadt einige eklatante Rollenwechsel: Napoleon machte 1812 einen Getreidespeicher daraus, etwas später wurde es zum russisch-orthodoxen Dom des Heiligen Nikolaus, während des Ersten Weltkriegs diente es als evangelische Garnisonskirche der Deutschen. 1962 wurde die Kirche von den sowjetischen Besatzern ausgerechnet zum „Museum für Atheismus" umfunktioniert.

1988 schließlich erhielten die Gläubigen sie zurück. Von den einstmals 13 Barockaltären sind nur drei erhalten. Die restaurierte Kuppel zählt zu den schönsten in Litauen.

Die orthodoxe Mutter-Gottes-Kirche in Vilnius

St. Peter-und-Paul-Kirche

Schon äußerlich ist die aus dem 17. Jahrhundert datierende Kirche ein Meisterwerk des Barock, doch ihr Interieur übertrumpft diesen Anblick noch: 2.000 weiße Stuckfiguren bedecken ihre Wände und erzählen Geschichten aus der Bibel sowie der Geschichte Osteuropas. Die Kirche soll an der Stelle eines vorchristlichen Tempels erbaut worden sein.

Heiliggeistkirche

Ihre Ursprünge reichen ins 14. Jahrhundert zurück, was die Heiliggeistkirche zu einer der ältesten der Stadt macht. 16 Altäre, 45 wertvolle Gemälde, die 47 Meter hohe, ausgemalte Kuppel und eine eindrucksvolle Orgel aus dem 18. Jahrhundert fügen sich zu einem der schönsten Kircheninterieurs des ganzen Landes. Eine Krypta mit 3.000 Gebeinen zeugt von einer langen Geschichte. Die einstige Klosterkirche der Dominikaner ist heute das einzige Gotteshaus in Vilnius, in dem die Messe auf Polnisch gelesen wird.

Tor der Morgenröte

Das „Tor der Morgenröte“, in dessen Galerie sich eine Kapelle mit der Ikone der „Schwarzen Madonna“ befindet, ist das letzte noch erhaltene Stadttor in Vilnius und zählt zu den wichtigsten Sehenswürdigkeiten – und Pilgerstätten – Litauens. Zu Beginn des 16. Jahrhunderts entstand aus Angst vor Angriffen durch die Tartaren der Plan, Vilnius zu befestigen. 1503 begannen die Arbeiten an einer Stadtmauer mit Toren, 1514 wurde das „Tor der Morgenröte“ erstmals erwähnt. Bis 1522 umschloss ein drei Kilometer langer, von neun Toren unterbrochener Ring die Stadt.

Touristen sind fasziniert von der barocken Innenausstattung von St. Peter und Paul.

Ein zehntes Tor war vorgesehen, wurde aber nie fertig gestellt. Von der Stadtmauer sind lediglich noch Fragmente erhalten.

Die Wallfahrtskapelle mit der Schwarzen Madonna im „Tor der Morgenröte" zieht Pilger aus ganz Litauen und aus Polen an. Der vergoldeten Ikone der Barmherzigen Muttergottes, die als Schutzheilige Litauens und Weißrusslands gilt, wird wundertätige Kraft zugeschrieben, seitdem die damals hölzerne Kapelle im 17. Jahrhundert ein Feuer unbeschadet überstand. 1927 wurde sie vom Vatikan als wundertätig anerkannt. Der Künstler des auf acht Eichenholzbrettern gemalten Bildes ist unbekannt.

Gotischer Winkel

Der „Gotische Winkel" setzt sich aus der 1495 bis 1501 erbauten St. Annen-Kirche, der benachbarten Bernhardinerkirche und dem anliegenden Kloster zusammen. St. Anna leuchtet in rotem, aus 47 verschiedene Ziegelformen gefertigten Backstein. Dies schafft einen Eindruck filigraner Leichtigkeit. St. Annen ist eine der schönsten Kirchen der Stadt; so schön, dass Napoleon 1812 gesagt haben soll, am liebsten setzte er sie sich auf die Handfläche und nähme sie mit sich zurück nach Paris.

Der im 19. Jahrhundert errichtete neogotische Glockenturm steht neben der reich verzierten Kirche. In der einschiffigen Kirche des ehemaligen Klosters der Bernhardinerinnen befindet sich heute ein Museum für Architektur.

Allerdings wird darüber diskutiert, auch diese Kirche an die Gläubigen zurück zu geben. Hinter ihr öffnet sich der Blick auf das Flüsschen Vilnele und das Stadtviertel Užupis.

Nachfolgende Seite: Frontansicht von St. Anna. **Unten:** St. Anna und die dahinterliegende ebenfalls als gotisches Backsteingebäude ausgeführte Bernhardinerkirche bilden zusammen den Gotischen Winkel.

Oben: Panoramaaufnahme des Geschäftszentrums von Vilnius. **Vorhergehende Seite:** Der Glockenturm der St. Stanislaus-Kathedrale steht getrennt von der eigentlichen Kathedrale auf dem Vorplatz

Užupis

Bis ins 19. Jahrhundert war Užupis eine Vorstadt, in der die ärmere Bevölkerung lebte. Heute strahlt der Stadtteil am jenseitigen Ufer der Vilnele eine leicht marode, dabei aber absolut exzentrische Atmosphäre aus. Užupis besitzt alte, oftmals noch immer baufällige Häuser, aber auch hübsche Hinterhöfe, neue Galerien, kleine Geschäfte – und eine eigene Verfassung.

Der Bohème-Stadtteil, in dem heute nicht nur einkommensschwache Bürger, sondern auch erfolgreiche Künstler leben, erklärte sich 1997 zur Republik. Geboren wurde dies aus dem Wunsch, die noch neue Unabhängigkeit intensiv auszuleben – und nach Jahrzehnten des kollektiven Lebens endlich das Individuum zu feiern. Jahrestag ist nicht zufällig der 1. April.

Zu den Verfassungsgrundsätzen gehören einleuchtende Maximen wie „Ein Hund hat das Recht, ein Hund zu sein" (Artikel 12), „Menschen haben das Recht zu sterben, aber es ist keine Pflicht" (Artikel 3) und „Menschen haben das Recht, faul zu sein und nichts zu tun" (Artikel 9). Nicht minder überzeugend: „Jeder hat das Recht, glücklich zu sein."

Regierungssitz ist das Café Užupis Kavinė gleich hinter der Brücke, die in den anarchistischen Stadtteil führt. Hier wurde die Idee zum Staat in der Stadt geboren, und gelegentlich versammeln sich hier auch die Regierungsmitglieder. Zu den rund 80 Botschaftern der „Republik" zählt auch der Dalai Lama, der Vilnius im Jahr 2001 besuchte. Bürger von Užupis kann jeder werden – auch ohne Wohnsitz im Stadtgebiet von Vilnius. Denn Užupier wird man nicht durch Geburt, Heirat

oder Wohnsitz, sondern aufgrund anarchistischer Geisteshaltung.

Gedenkstätte Paneriai

Die acht Kilometer südwestlich der Altstadt gelegene Gedenkstätte Paneriai erinnert an die 100.000 Menschen, die die Nazis zwischen 1941 und 1944 in einem Wald dieses Stadtteils ermordeten. Zwei Drittel von ihnen waren Juden.

KGB-Museum

Auch die Vergangenheit als Sowjetrepublik wird museal aufgearbeitet – etwa mit dem KGB-Museum, das sich in den Mauern des einstigen Gefängnisses des KGB befindet. Dort zeigen verschiedene Typen von Zellen, dass sich der sowjetische Geheimdienst für Folter keinesfalls zu schade war. Auch der „Exekutionsraum" ist heute Teil der Ausstellung. Außen sind die Namen aller hiesigen Opfer in eine steinerne Mauer eingekerbt.

Ein anderer Weg der Vergangenheitsbewältigung ist der des Wiedererlebens. Dafür wurde das Abenteuer im „Sowjetischen Bunker" erfunden, eine Tour in die Vergangenheit, die mit einer Busfahrt beginnt und die Teilnehmer danach in einem Bunker mit den Künsten sowjetischen Marschierens, der mangelhaften Subtilität sowjetischer Propagandafilme sowie den Techniken der gefürchteten sowjetischen Verhöre vertraut macht. Für die Authentizität dieser Erfahrung sorgen sehr überzeugende Schauspieler. Innerhalb weniger Stunden haben so auch Besucher aus dem Westen Gelegenheit, eindrucksvoll zu erleben, welche Schrecken das Leben östlich des Eisernen Vorhangs bot.

Europos Parkas

19 Kilometer nördlich von Vilnius liegt im Dorf Joneikiskes das Europa-Park-Museum rund um das mutmaßliche geografische Zentrum Europas. Mit Stolz verweisen Litauer darauf, dass das Nationale Französische Geografische Institut diese Stelle 1989 zum Mittelpunkt des Kontinents erklärt hat – wiewohl die Messung wegen der unklaren Gewichtung von Inseln nach wie vor als umstritten gilt.

1991 begründete der litauische Künstler Gintaras Karosas an diesem Ort den Skulpturenpark Europos Parkas, ein Freilichtmuseum für zeitgenössische Kunst. Über 90 Arbeiten von Künstlern aus 30 Ländern sind in den Lichtungen des 55 Hektar großen Areals ausgestellt, alle behandeln das Thema Europa. Ein von Karosas gestaltetes Dreieck symbolisiert den Mittelpunkt Europas. Eine Installation aus 3.000 alten Fernsehern brachte dem Park im Jahr 2002 eine Erwähnung im „Guinness-Buch der Rekorde" ein – für die größte aus Fernsehgeräten gebildete Skulptur der Welt.

Trakai

Die 30 Kilometer von Vilnius gelegene Wasserburg Trakai mit dem dazugehörigen Städtchen gilt als das Wahrzeichen Litauens und ist unverzichtbarer Bestandteil jeder Rundreise durchs Land. Das ganze Areal aus Burg, Seen und Stadt ist heute als Nationalpark geschützt. Bevor Vilnius Hauptstadt wurde, war Trakai die Residenz des Großfürsten Gediminas. Noch zu

Eine der vielen Skulpturen, die Gintaras Karosas im Europa-Park-Museum versammelte.

Zeit des Großfürsten Vytautas war der Ort ein lebhafter Marktflecken und fürstliche Residenz. Diese einstige Bedeutung ist dem Städtchen, das 6.000 Einwohner zählt, heute allerdings nicht mehr anzusehen.

Doch ist es so malerisch auf einer Halbinsel zwischen drei Seen gelegen und seine gleichnamige gotische Inselburg – die einzige in Europa – so imposant, dass es an Sommerwochenenden zu den beliebtesten Ausflugszielen der Bewohner von Vilnius gehört.

Für Litauer dient die Burg indes nicht nur als schöne Kulisse fürs Picknick, sondern sie hat auch eine besondere nationale Bedeutung, ist sie doch ein Symbol für die Standhaftigkeit ihres Landes gegen die Kreuzritter. Ihr Ursprung liegt im 14. Jahrhundert. 1655 wurde sie im Krieg mit Russland fast völlig zerstört und erst in den 1950er Jahren wieder aufgebaut. Dabei wurden Silbermünzen aus dem 14. bis 18. Jahrhundert gefunden, die heute im Museum der Burg ausgestellt sind. Eine zweite Burg am Seeufer ist indessen nur noch eine Ruine.

Auch das Städtchen Trakai besitzt einige historisch relevante Sehenswürdigkeiten. Die außen gotische und innen barocke Vytautas-Kirche wurde 1409 errichtet und ist somit eine der ältesten des Landes.

Das Karaiter-Museum auf der Halbinsel der Altstadt informiertt über das Leben der Karäer, einer turkstämmigen Gemeinschaft, die einer speziellen Form des Judentums angehört. Sie kamen Ende des 14. Jahrhunderts nach Litauen, als Großfürst Vytautas sie aus der Krim verschleppte, um

Nachfolgende Doppelseite: Beliebtes Ausflugsziel für die Bewohner von Vilnius ist Burg Trakei mit den umliegenden Wasserflächen. **Unten:** Nationalstolz vermittelt Burg Trakai den Litauern.

Eine Gruppe von jungen Leuten nutzt die Schönheiten des Aukštaitija Nationalparks zum Wandern.

sie zu seiner Leibgarde zu machen. An ihrer traditionellen Lebensform hielten sie jedoch noch über Jahrhunderte fest. Noch immer leben einige Angehörige der Karäer in der Altstadt Trakais.

Medininkai

Nur vier Kilometer von der Grenze zu Weißrussland entfernt liegt unweit des Dorfes Medininkai der Juozapinės kalnas (Josephinenberg). Er ist mit 294 Metern die höchste Erhebung Litauens. Die Ruine einer Burg, deren Ursprung 1402 erstmals schriftlich erwähnt wurde, erinnert heute an die einstige Bedeutung Medininkais. Sie entwickelte sich vor allem aufgrund der Nähe zur Straße nach dem 30 Kilometer entfernten Vilnius. Die Auflösung der Kolchose, in der vor der Wende das ganze Dorf Arbeit gefunden hatte, hat in dem Ort hohe Arbeitslosigkeit und beträchtliche soziale Probleme hinterlassen. Neue Investoren lassen auf sich warten.

DER OSTEN

Aukštaitija Nationalpark

Der Aukštaitija Nationalpark liegt etwa 100 Kilometer nordöstlich von Vilnius und bedeckt eine Fläche von 400 qkm. Seine dichten Wälder stehen seit 1974 unter Schutz und bilden somit den ältesten Nationalpark des Landes. Der Park bildet trotz seiner Nähe zum Atomkraftwerk bei Ignalina eine intakte Landschaft aus Wäldern, Marschen und Wiesen, 30 Flüssen, einer Seenplatte aus über hundert Seen sowie zahlreichen kleineren Wasserläufen.

Die Dörfer im Park sind Jahrhunderte alt, das Leben verläuft hier noch heute scheinbar unberührt von der Moderne. So vermittelt der Park neben dem Naturerlebnis auch einen Eindruck davon, wie das Leben in Mitteleuropa in früheren Zeiten ausgesehen haben mag.

Oben: Litauische Kinder aus Vilnius feiern den Tag ihrer Kommunion. **Nachfolgende Seite:** Der ganz im Süden liegende Ort Panemune wird gerne bei einer Radtour entlang der Nemunas zu einem Zwischenhalt benutzt.

Der größte See des Parks ist mit einer Fläche von 721 Hektar der Dringis-See, der tiefste mit mehr als 60 Metern der Tauragnas-See. An seinem Ufer liegt das Dorf Tauragnai, das bereits im 14. Jahrhundert erwähnt wurde. Aus dem Žeimena-See in Kaltanenai entspringt der Fluss Žeimena, der als der schönste Strom des Parks gilt. Auch die kleineren Flüsse Kriauna, Lukna, Buka, Sventele und Stregzda besitzen den Reiz einer noch unverfälschten Landschaft. Ein weites Netz von Wanderwegen verbindet die 80 Dörfer des Nationalparks. Zur Flora gehören viele seltene Pflanzenarten, die auch in Litauen vom Aussterben bedroht sind. Zur Fauna zählen Hirsche, Wildschweine, Biber, Wölfe und Elche.

Verwaltungszentrum des Nationalparks ist der Sprengel Palūŝė, der Mitte des 17. Jahrhunderts zum ersten Mal schriftlich erwähnt wurde. Seine touristischen Reize sind übersichtlich; Hauptattraktion ist die auf einem Hügel gelegene Holzkirche St. Joseph, die im 18. Jahrhundert errichtet wurde und drei Barockaltäre besitzt.

DER SÜDEN

Druskininkai

In der Nähe des Dreiländerecks mit Polen und Weißrussland liegt mit Druskininkai der wichtigste Kurort Litauens. Berühmt ist er für seine Quellen und Moorbäder. Das Kurwesen hat in Litauen Tradition: Schon im 19. Jahrhundert war Druskininkai, heute ein Städtchen mit 20.000 Einwohnern, ein namhafter Kurort.

Diese erste Blüte hat im Stadtbild einige elegante Villen hinterlassen, die einen deutlich erfreulicheren Anblick bieten als die Erholungsheime, die die Sowjets im 20. Jahrhundert aus dem Boden stampften. Auch die umgebende Landschaft

hat ihren Reiz bewahrt: Der mit einer Fläche von 550 qkm größte litauische Nationalpark Dzūkija schließt sich unmittelbar an die Stadt an. In seiner Waldlandschaft sind Elche und Wölfe heimisch.

Druskininkai ist heute im Umbruch begriffen. Nach der Wende blieben die russischen Badegäste weg, die neue Elite war zunächst mehr an Auslandsreisen interessiert. Dafür entdeckten Westeuropäer die Schönheit Südlitauens – und die Segnungen eines Kurbetriebes, das klassische Anwendungen, gut ausgebildete Therapeuten und ein niedriges Preisniveau miteinander verbindet. So sind in Druskininkai auch eine Reihe neuer Hotels gebaut worden, deren Ausstattung sich an westlichen Gewohnheiten orientiert.

Druskininkai ist auch eine kulturhistorisch bedeutende Stadt. Der Maler und Komponist Mikalojus Konstantinas Čiurlionis (1875–1911) verbrachte hier prägende Jahre. Das Čiurlionis-Museum in der nach ihm benannten Straße dokumentiert im Elternhaus des Künstlers Leben und Werk des doppelt Begabten. Die Jonynas-Galerie stellt Zeichnungen, Grafiken, Skulpturen und Gemälde des Malers Vytautas Kazimieras Jonynas (1907–1997) aus.

Zu den Baudenkmälern Druskininkais zählt die russisch-orthodoxe Kirche, eine blaue Holzkonstruktion unter runden Kuppeln, die 1865 errichtet wurde und eine bedeutende Ikonen- und Gemäldesammlung besitzt.

Zehn Kilometer östlich von Druskininkai beginnt das Gebiet des Dzūkija-Nationalparks. Er besteht zu 80 Prozent aus Wald, besitzt aber auch Seen und einige historische Ansiedlungen. Hier kann man wandern, angeln, reiten, radeln, Vögel beobachten und auf den Nebenflüssen des Nemunas Kanu fahren.

Mitten im Nationalpark liegt das Dorf Merkine am Zusammenfluss von Nemunas und Merkys – ein idealer Ausgangspunkt für Touren durch die Wälder des Naturschutzgebietes. Der Ort entstand im 14. Jahrhundert und wurde im Zweiten Weltkrieg fast dem Erdboden gleich gemacht. Die gotische Kirche Mariä Himmelfahrt blieb jedoch erhalten. Der alte Burghügel bietet eine schöne Aussicht über das Nemunas-Tal; die Burg selbst existiert indessen nicht mehr.

Zentrallitauen

Kaunas

Kaunas' Altstadt ist mit eindrucksvollen gotischen Gebäude-Ensembles, Museen, Kirchen und angenehmer Atmosphäre ein touristisch interessantes Ziel. Die Lage der Stadt zwischen grünen Hügeln am Zusammenfluss von Neris und Nemunas (Memel) erwies sich im Lauf der Geschichte als nützlich zur Versorgung und Verteidigung; heute trägt sie vor allem zur Schönheit der zweitgrößten Stadt Litauens bei. 1140 wurde Kaunas zum ersten Mal schriftlich erwähnt. Um diese Zeit entstand eine erste Befestigung an der Stelle, an der sich heute die Überreste einer später errichteten Burg befinden.

Kaunas ist aber nicht nur ein Ziel für Städte- und Rundreisen, es ist auch Universitätsstadt und wichtiger Wirtschaftsstandort in Litauen. Mit 362.000 Einwohnern, sechs Hochschulen und vielseitigem Kulturleben sieht sich die Stadt selbst gerne als heimliche Hauptstadt. Von 1920 bis 1940 war sie es auch, denn nach dem Ersten

Vorhergehende Seite: Es gibt wohl keinen grünen Fleck in Litauen, an dem man keine Störche findet. **Rechte Seite oben:** Nicht weit von Druskininkai liegt der reizvolle Dzūkija-Nationalpark. **Rechte Seite unten:** Die Garnisonskirche von Kaunas. **Nachfolgende Doppelseite:** Die Kirche des Priesterseminars von Kaunas

5m

Weltkrieg konnte Polen die für Litauen historische Hauptstadt Vilnius erobern und bis 1940 halten

Die Fußgängerzone Vilniaus gatve ist mit Geschäften, Restaurants und den für Kaunas typischen Telefonzellen, auf denen an Hauben erinnernde Türmchen sitzen, eine schöne Flaniermeile. Fast alle der aufwändig restaurierten Gebäude stammen aus dem 16. Jahrhundert.

Die Straße führt in die Altstadt und zum von alten Kastanien bestandenen Rathausplatz. Ihn säumen die gotischen Fassaden alter Kaufmannshäuser. Das 1542 errichtete Rathaus selbst wird seiner weißen Fassade und der schlanken, hohen Silhouette wegen liebevoll der „Weiße Schwan" genannt und sieht mit dem hohen Turm ein wenig aus wie eine Kirche. Heute werden hier Ehen geschlossen und im Keramikmuseum im Parterre Geschichte und Schönheit litauischer Keramik dokumentiert.

Das „Perkūnas-Haus", zu deutsch Donnerhaus, ist mit Türmchen und Erkern ein attraktives Beispiel spätgotischer Architektur. Es wurde Ende des 15. Jahrhunderts aus unterschiedlichen Ziegelarten errichtet. Im 19. Jahrhundert fand man eine Statue des heidnischen Donnergottes in einer Mauer, was die Vermutung beflügelte, dies sei einmal eine heidnische Stätte gewesen. Heute ist das Gebäude Teil einer Jesuitenschule.

Entspanntes Bummeln über den Rathausplatz in Kaunas.

Die Vytautas-Kirche am Flussufer ist eines der ältesten gotischen Bauwerke in Kaunas. Sie wurde zu Beginn des 15. Jahrhunderts errichtet und sollte den erst kürzlich christianisierten Litauern die Macht ihres neuen Gottes eindrucksvoll vor Augen führen.

Jenseits des Rathausplatzes liegen die Reste der Burg von Kaunas. Sie wurde im 13. Jahrhundert strategisch günstig am Zusammenfluss von Neris und Nemunas errichtet, um heranrückende Kreuzritter abzuwehren – mit Erfolg, denn ihnen gelang es nie, Litauen zu unterwerfen. Über die Jahrhunderte wurde sie dennoch mehrmals zerstört und immer wieder vom Hochwasser der Flüsse strapaziert.

Die Kathedrale St. Peter und Paul an der Vilniaus gatve ist sogar der größte gotische Bau in Litauen. Im Laufe der Zeit – Baubeginn war 1408 – erhielt sie neben Renaissance- und Barock-Elementen auch gleich neun Altäre. Besonders üppig ist der wuchtige, spätbarocke Große Altar aus dem Jahr 1775 geraten.

Kaunas ist nicht nur eine Stadt der gotischen Baukunst, sondern auch der Museen. Die Freiheits-Allee (Laisves aleja), die Alt- und Neustadt miteinander verbindet, führt zur Mykolas-Zilinskas-Kunstgalerie, in der ägyptische Kunst, europäische Meister, Porzellan und Skulpturen zu sehen sind. Die katholische Erzengel-Michael-Kirche mit ihren vielen Kuppeln diente während der Sowjetzeit als Museum; heute wird hier wieder die Messe gelesen. Für die russisch-orthodox anmutenden Kuppeln der Ende des 19. Jahrhundert erbauten Kirche zeichnen in der Tat russische Architekten verantwortlich.

Das Čiurlionis-Museum stellt litauische Kunst vom 16. Jahrhundert bis in die erste Hälfte des 20. Jahrhundert aus. Ein Schwerpunkt ist natürlich der Namenspatron des Hauses: In einer Galerie sind 300 Zeichnungen und Gemälde des Malers und Musikers Mikalojus Konstantinas Čiurlionis aus Druskininkai zu sehen. Außerdem gibt es einen Konzertsaal, der ausschließlich der Aufführung von Čiurlionis' Kompositionen dient

Skurril und weit über die Landesgrenzen bekannt ist das Teufelsmuseum. Über 2.000 Teufel aus der ganzen Welt sind in diesem einzigartigen Museum auf drei Etagen in Glaskästen ausgestellt. Skandinavische Trolle, kubanische Teufel, litauische Karnevalsmasken, freundlich-trottelig dreinblickende Teufel aus der Ukraine, Teufel mit Gitarre und Rassel aus Venezuela, die über Litauen tanzenden Fratzen Hitlers und Stalins sowie Masken aus Afrika, Indien und China bilden eine einzigartige Kollektion satanischer Objekte.

Zu verdanken ist sie dem Impressionisten Antanas Žmuidzinavičius (1876–1966), dessen eigene Arbeiten neben seinen 260 Teufeln zu besichtigen sind. Die Sammlung wächst noch weiter: Aus der ganzen Welt werden dem Museum Teufel in unterschiedlichsten Materialien, Formen, Farben und Größen geschickt.

Kloster Pazaislis

Michelangelo Palloni, Pietro Perti und Joan Merli ließen im 17. Jahrhundert das mildere Klima Italiens hinter sich, um den von 1664 bis 1719 dauernden Bau dieses Klosters für den Kamaldulenser Orden zu leiten. Pazaislis zählt zu den schönsten Barockbauten in ganz Litauen. Die drei italienischen Baumeister waren auch am Bau der St. Peter und Paul-Kirche in Vilnius beteiligt. 1831 übergab der russische Zar das Kloster orthodoxen Priestern. Sie behielten es bis zum Jahr 1915. Nachdem die Anlage während der Sowjetzeit zeitweise eine psychiatrische Klinik beherbergte, leben und arbeiten hier seit 1990 wieder Nonnen.

Kloster Pazaislis.

Kernavė

Kernavė ist als vermutlich älteste Hauptstadt Litauens vor allem von historischer Bedeutung. Schriftlich erwähnt wurde sie erstmals im Jahr 1279, als sie kulturelles, wirtschaftliches und wahrscheinlich auch politisches Zentrum des Landes war. Die Blüte sollte nicht lange währen: Beim Angriff der Kreuzritter 1390 wurde Kernavė völlig zerstört, und von da an versank die Stadt in Bedeutungslosigkeit. Archäologen haben in den vergangenen 30 Jahren spektakuläre Entdeckungen aus prähistorischen Zeiten gemacht: Bei Ausgrabungen fanden sie Spuren menschlicher Besiedelung, die auf das 10. Jahrhundert vor Christus zurückgehen. Andere stammen hingegen aus dem frühen Mittelalter. In Kernavė wurde die einzige Befestigungsanlage des Ostseeraums ausgegraben, die auf fünf Hügeln angelegt ist. Die Reste der einstmals prosperierenden Stadt verschwanden nach dem vernichtenden Schlag der Kreuzritter unter einer dicken Schicht von Ablagerungen. So wurden die verschiedenen Ebenen der Vergangenheit für die Zukunft konserviert. Heute wird an der archäologischen Ausgrabungsstätte in der Johannesnacht am 24. Juni die Sommersonnenwende gefeiert.

Kėdainiai

Eine halbe Autostunde von Kaunas liegt das 31.000-Einwohner-Städtchen Kėdainiai an der

Oben: Ein friedlicher Hügel im historisch so bedeutsamen Kernave.
Nachfolgende Doppelseite: Im Grubas-Park hat ein Sammler allerlei Skulpturen aus der Sowjetzeit versammelt.

Nevėžis. Es besitzt mehrere Herrenhäuser und Schlösser des litauischen Adels, die die Zeitläufte gut überstanden haben und heute als öffentliche oder Verwaltungsgebäude dienen. Historisch ist Kėdainiai vor allem interessant, weil die Stadt eng mit der litauischen Reformationsbewegung verbunden ist. 1372 erwähnte der Chronist Herman Wartberge die Stadt zum ersten Mal; 1590 wurde ihr das Magdeburger Stadtrecht zuerkannt.

Kėdainiai entwickelte sich zum Zentrum der litauischen Reformation, die hier allerdings nie das Ausmaß einer Massenbewegung annahm. Insbesondere die protestantische Fürstenfamilie Radvila war mit der Bewegung verbunden und nutzte ihren Einfluss, um verfolgte Protestanten innerhalb der Stadtgrenzen aufzunehmen. So waren vor rund 300 Jahren 50 Prozent der Bewohner Schotten. Auch litauische Protestanten fanden hier einen Zufluchtsort. 1629 siedelten sich deutsche Lutheraner an.

Während in anderen Teilen Europas blutige Religionskriege tobten, entwickelte sich Kėdainiai im 17. Jahrhundert zu einer Stadt, in der Angehörige unterschiedlicher Religionen und Nationalitäten friedlich zusammenlebten. Dazu gehörten katholische, russisch-orthodoxe und jüdische Gemeinden, wiewohl die Reformierten stets den besonderen Schutz der herrschenden Radvilas genossen.

Mit dem Ausflugsdampfer kann man kürzere oder längere Ausfahrten auf der Nemunas unternehmen.

Dieser Blüte folgte ein Niedergang Kėdainiais durch Kriege, eine furchtbare Feuersbrunst im 18. Jahrhundert und den Ausbruch der Pest. Die festungsartige evangelische Kirche aus der ersten Hälfte des 17. Jahrhunderts hat diese Stürme indessen überdauert. Das Kirchenschiff im Stil der Renaissance wird von vier barocken Türmen gekrönt.

Im Mausoleum sind sechs Sarkophage der Fürstenfamilie Radvila aus dem 17. Jahrhundert zu sehen. Auch die barocke Holzkirche St. Joseph aus dem 18. Jahrhundert ist erhalten geblieben. Zwei Synagogen in der Altstadt haben den Zweiten Weltkrieg überstanden. Sie dienen heute als Schule und als Kunstgalerie.

Birstonas

Umgeben von den Wäldern des Nemunas Loops Regionalpark liegt der Kurort Birstonas idyllisch in einer Schleife der Nemunas. Mit 3.200 Einwohnern ist er sehr überschaubar. Die ruhige Lage und eine reiche Natur will man heute als in der Vergangenheit unterschätztes touristisches Kapital begreifen und nicht mehr als Grund zur Landflucht. Schon seit 1846 steht das Mineralwasser der Gegend im Dienst der Gesundheit; nun soll der Kurbetrieb ausgebaut werden. Natur und Ruhe sind die Hauptattraktionen von Birstonas; ein Denkmal des Fürsten Vytautas, der hier gejagt haben soll, spricht aber auch für eine lange Geschichte.

Fähren bringen auch motorisierte Besucher über die Wasserarme des Memeldeltas.

Die Küste

Palanga

Palanga gehört seit dem 19. Jahrhundert zu den klassischen Ferienzielen der Ostseeküste. Im Winter hat der größte litauische Badeort 20.000 Einwohner, an Sommerwochenenden drängen sich bis zu 200.000 Menschen in dem Städtchen. Von Ende Juni bis August herrscht Hochsaison, dann senkt sich Stille über die Stadt. Vor allem russische Badegäste lieben das sommerliche Palanga – ebenso wie die Litauer selbst. Viele Besucher kommen noch heute vor allem der Gesundheit wegen, denn es gibt hier eine Heilquelle, Sanatorien und Reha-Zentren. Zu den gesundheitlichen Trümpfen Palangas zählt die saubere, jodhaltige Luft, zu seinen weltlichen Reizen das Nachtleben, eine schöne Seepromenade und ein 24 Kilometer langer Sandstrand. So ist Palanga ein Urlaubsidyll für Familien mit Kindern und ein attraktives Ziel für Menschen mit Unterhaltungsbedarf.

Ein knapp 500 Meter langer, hölzerner Pier ragt über den Strand ins Meer. Weil in Strandnähe nicht hoch gebaut werden darf, ist die Küstenlinie unverstellt. Problematisch sind winterliche Stürme und Fluten, die am Strand nagen und den Sand zum Ärger der Einheimischen ins Meer oder an die Strände des nur 18 Kilometer entfernten Lettlands tragen.

Das Bernsteinmuseum im einstigen Schloss des litauischen Grafen Tiškevičius beherbergt mit 4.500 Exponaten die größte Sammlung in Europa. Die Ausstellung dokumentiert Entstehung, Verarbeitung und Handel der Kiefernharztropfen, die vor rund 60 Millionen Jahren von den Bäumen auf die Erde fielen. Der Schlosspark ist heute ein der Öffentlichkeit zugänglicher Botanischer Garten. Im Sommer wird er für Konzerte genutzt.

Klaipėda

Klaipėda besitzt den größten Seehafen Litauens und ist mit knapp 190.000 Einwohnern die drittgrößte Stadt des Landes. Der Hafen ist das ganze Jahr über eisfrei. Seit der Wende hat sich Klaipėda auch dank des Status' als freie Wirtschaftszone im Vergleich zum Rest des Landes wirtschaftlich rasant entwickelt.

Gegründet wurde Klaipėda um das Jahr 1250 als Memel; 1258 erhielt die Stadt das lübische Stadtrecht. Nach den Auseinandersetzungen das Deutschen Ordens und des Schwertritterordens im Mittelalter war die Stadt auch später immer wieder umkämpft. 1871 wurde Memel Teil des deutschen Kaiserreichs.

Nach dem Ersten Weltkrieg kam das Memelgebiet in Folge der Verträge von Versailles unter französische Herrschaft, 1923 ging es an Litauen, 1939 fiel Klaipeda an Deutschland zurück. Dreimal brannte die Stadt nieder, daher stammen die meisten historischen Bauten aus dem 19. Jahrhundert. Von 1925 bis 1939 war Memel Hauptstadt des Memellandes, welches als autonome, doppelsprachige Region zu Litauen kam.

Bis zum Zweiten Weltkrieg lebten fast so viele Deutsche wie Litauer in der Stadt. Auch im

Rechte Seite: Das Kennzeichen des modernen Klaipėda – zwei eigenwillige Hochhäuser stellen den Buchstaben K dar.
Unten: Das Ballett der Ladekräne deutet an, dass Klaipėda Litauens größte und wichtigste Hafenstadt ist.

Eines der alten Stapelhäuser im Hafen von Klaipėdas

Zweiten Weltkrieg wurde die Stadt stark zerstört.

Die an der Mündung des Kurischen Haffs in die Ostsee gelegene Stadt strahlt trotz ihrer relativen Größe gemütliche Kleinstadt-Atmosphäre aus. Ihre attraktive Altstadt steht bereits seit 1969 unter Denkmalschutz.

Sie ist geometrisch angelegt wie ein Schachbrett und erstreckt sich am südlichen Ufer des Flusses. Die Altstadt prägen kopfsteingepflasterte Straßen und die Fassaden von Fachwerkhäusern. Zu ihren Sehenswürdigkeiten gehört auch die Statue des „Ännchen von Tharau“ auf dem Simon-Dach-Brunnen.

Letzterer ist jenem berühmten Sohn der Stadt gewidmet, der im 17. Jahrhundert das Gedicht vom Ännchen von Tharau schrieb. 1939 wurde das Mädchen mit den Zöpfen von seinem Sockel geholt und durch ein Hitler-Abbild ersetzt; die Statue blieb nach dem Krieg verschwunden. 1989 erhielt der Brunnen dann endlich sein neues Ännchen, Dichter und Muse waren wieder vereint. Verblichene Schriftzüge wie „Germania Speicher“ auf einer Fassade am Memelufer zählen zu den weiteren Zeugnissen der deutschsprachigen Vergangenheit Klaipėdas.

In der nördlich vom Fluss gelegenen Neustadt residierten früher vermögende deutsche Bankiers und Kaufleute. Im Lauf der Zeit wurden hier immer wieder die Straßenschilder ausgewechselt: Zu Ehren des Zaren hieß die Ost-West-Achse der Neustadt Alexanderstraße.

Später wurde sie zur Präsident-Smetona-Straße, bevor sie sich in rascher Folge von der Adolf-Hitler-, zur Stalin- und schließlich in die Gorki-

Das Memeldelta besteht aus vielen schmalen, teilweise mit Schilf bestandenen Wasserarmen

Straße verwandelte. Heute heißt sie schlicht und schön Liepu gatvė – was Lindenstraße bedeutet.

Memeldelta

Im Frühling und Herbst sind Überschwemmungen häufig ein Problem, im Sommer ist das Memeldelta vor allem für Wanderer ein attraktives Ziel. Die Infrastruktur ist im Vergleich zu Klaipėda und der Nehrung noch weniger entwickelt. Dafür bietet diese Region eine ganz unverfälschte Landschaft. Hier kann man litauisches Landleben beobachten, wie es vor Jahrzehnten kaum anders ausgesehen haben mag.

Die Stadt Šilute (Heydekrug) ist mit 21.000 Einwohnern die zweitgrößte im Memelgebiet. Die Heide- und Moorlandschaft zwischen ihr und dem Haff ist landschaftlich reizvoll und ein günstiger Ausgangspunkt für Streifzüge durchs Memeldelta.

In der Nähe liegen Minija (Minge), ein malerisches, ursprüngliches Fischerdorf am gleichnamigen Fluss, und Rusnė (Ruß), einstmals ein prosperierendes Handelsstädtchen, das heute in weiter Sumpflandschaft und schon fast an der Grenze zur russischen Enklave Kaliningrad liegt. Ein ähnlich idyllischer Flecken wie Minija ist Kintai (Kinten), ein 1.000-Einwohner-Städtchen in der Minija-Niederung.

Von Vente (Windenburg) öffnet sich ein Panorama-Blick auf die Kurische Nehrung. Der deutsche Name der Stadt erinnert noch daran, dass hier schon im 14. Jahrhundert eine Ordensburg errichtet wurde. In Vente ist seit 1929 eine ornithologische Station ansässig, in der Vögel beringt werden. Das Projekt wird heute von der UNESCO unterstützt. Der Leuchtturm am Kap von Vente ist seit 100 Jahren in Betrieb.

Rechts: Ehemaliges sowjetisches Erholungsheim in Pervalka.
Nachfolgende Seite: Die alten Fischerkaten von Pervalka wurden zu anheimelnden Ferienhäuschen umgebaut.

Kurische Nehrung

Die Kurische Nehrung ist die außergewöhnlichste Landschaft Litauens. In einem schmalen Bogen erstreckt sie sich als Halbinsel zwischen Klaipėda und Kaliningrad über 98 Kilometer vor der Küste. An ihrer schmalsten Stelle misst sie 380 Meter, an der breitesten 2,8 Kilometer. Dünen, Strand, Wäldchen und bildschöne Fischerdörfer machen sie zu einem der beliebtesten touristischen Ziele Litauens. Die Kurische Nehrung wird von der UNESCO zum Weltkulturerbe gezählt und ist seit 1991 Naturschutzgebiet. Daher ist die Besucherzahl pro Tag beschränkt.

Die Kurische Nehrung ist zugleich der berühmteste Nationalpark des Landes. In der geschützten Landschaft nehmen sich die alten sowjetischen Erholungsheime, deren Architektur bestenfalls an Bunker erinnert, besonders seltsam aus.

Das ökologische Gleichgewicht der Halbinsel ist fragil, seit vor Jahrhunderten in großem Stil das Abholzen der Wälder betrieben wurde: Die Dünen begannen zu wandern. Heute versucht man den Sandschwund durch Wiederaufforstung aufzuhalten. Mit Erfolg. Immerhin sind seither keine Dörfer mehr im Sand versunken, wie es einstmals dem Dorf Karvaiciai (Karweiten) widerfuhr. Es liegt noch immer unter der Düne Skirpstao kopa verschüttet.

Die Kurische Nehrung entstand vor etwa 13.000 bis 15.000 Jahren aus einer Kette von Endmoränen, die nach der letzten Eiszeit wie eine Inselgruppe aus dem Meer ragten. Durch angeschwemmten Sand wurden diese Inselchen im Lauf der Zeit erst durch Sandbänke, dann durch bewachsenes Land miteinander verbunden. Der Prozess war langwierig; erst vor rund 7.000 Jahren bildeten sie eine einzige Landzunge. Starker Westwind türmte den Sand an Land schließlich zu den gewaltigen Dünen auf, die heute das Charakteristikum der Nehrung sind. Die Strömung des Flusses Nemunas hielt das Haff hingegen frei von Sand. Erste menschliche Ansiedlungen bildeten sich vor rund 4.000 Jahren.

Im Ersten Weltkrieg wurde die Halbinsel geteilt. 1945 fiel sie ganz an die Sowjetunion, heute ist sie neuerlich geteilt, und zwar zwischen Russland

und Litauen. 52 Kilometer Nehrung gehören zu Litauen, die südlicheren 46 liegen auf dem Gebiet der Kaliningrader Oblast, dem russischen Verwaltungsbezirk, der die Stadt umgibt.

Die Fähre aus der Altstadt von Klaipėda legt in Smiltynė (Sandkrug) an. Administrativ gehört dieser Ort zu Klaipėda. Zu seinen touristischen Attraktionen zählt neben schönen Stränden das Meeresmuseum mit Aquarium und Delfinarium. Die Fahrt nach Nida, dem Hauptort der Halbinsel, führt durch Juodkrantė (Schwarzort). In diesem ältesten Ort der Nehrung leben rund 700 Menschen. Die alten Fischerkaten mit ihren blauen Fensterrahmen und den mit gekreuzten Pferdeköpfen verzierten Giebeln stehen unter Denkmalschutz. Zu Ruhm gelangte Juodkrantė außerdem, weil hier früher Bernstein gefördert wurde.

Am Südrand von Juodkrantė liegt der „Hexenberg". Diesen 1,5 Kilometer langen Märchenpfad säumen die Statuen litauischer Künstler: Figuren aus dem nationalen Märchen- und Sagenschatz, von den katholischen Litauern liebevoll gehütetes kulturelles Erbe aus heidnischen Zeiten.

Ein winziger Sprengel ist Pervalka, das gerade mal 40 Einwohner und elf denkmalgeschützte Häuser zählt – der kleinste Ort auf der Kurischen Nehrung und Denkmal für den Kampfgeist seiner Bewohner. Denn das Dorf entstand, als die Bewohner umliegender, vom Sand verschütterter Dörfer hier einen weiteren Versuch unternahmen, sich dauerhaft in widriger Umgebung anzusiedeln.

Nida (Nidden) ist der südlichste Ort vor der Grenze nach Russland und touristisches Zentrum der Landzunge. Die Nähe zur Großen Düne und die schönen alten Fischerkaten im Zentrum locken seit jeher Gäste aus Litauen und aus dem Ausland. Mit 1.500 Einwohnern ist Nida außerdem der größte Ort der Halbinsel. Einige Male wurde das Städtchen im Lauf der Geschichte buchstäblich vom Winde verweht. Doch seit dem 18. Jahrhundert befindet es sich an seinem heutigen Ort.

Das helle Licht über dem Haff und die außergewöhnliche Landschaft zogen seit jeher viele Maler nach Nida. Im legendären Gasthaus Blode fand sich vor mehr als hundert Jahren eine expressionistische Künstlerkolonie zusammen: Lovis Corinth, Ernst Bischoff, Max Pechstein und Ernst Mollenhauer, der später der Schwiegersohn des Gastwirts wurde, stiegen hier ab.

Auch der Schriftsteller Thomas Mann logierte bei seinem ersten Besuch in Nida hier; ebenso der Schriftsteller und Dramatiker Carl Zuckmayer. Blodes Haus ist heute im Hotel „Nidos Smilte“ aufgegangen. Maler und Dichter waren

Vorhergehende Seite: Eine der vielen Holzskulpturen, die den Hexenberg von Judokrantė zieren.
Unten: Nach seinem ersten Besuch in Nida entschied sich Thomas Mann, hier ein Sommerhaus zu bauen.

nicht die ersten prominenten Besucher Nidas. Schon 1807 kamen Friedrich Wilhelm III. von Preußen und seine Königin Luise des Wegs. Allerdings verbrachten die beiden hier nicht die Sommerfrische, sondern flohen vor Napoleon und seinen Truppen.

Die Große Düne ist die größte naturkundliche Eigenheit und zugleich die wichtigste touristische Attraktion der Nehrung. Mit einer Höhe von etwa 60 Metern zählt die Düne zu den höchsten in Europa. Man erreicht sie über eine 159 Stufen zählende Treppe. Die Aussicht über die Dünenlandschaft ringsum und das Dorf Nida ist absolut spektakulär. Zum Schutz der Dünen dürfen die Wege nirgends verlassen werden.

Das etwas außerhalb gelegene, reetgedeckte Thomas-Mann-Haus mit Fensterläden im berühmten Niddener Blau ließ der Literatur-Nobelpreisträger nach einem zufälligen Besuch 1929 im Jahr darauf auf dem „Schwiegermutterberg“ erbauen.

Heute ist sein Feriendomizil ein Museum mit einer Dauerausstellung zu Leben und Werk des Schriftstellers. Neben Tagungen findet hier jeden Sommer das Thomas-Mann-Festival statt. Die Wände schmücken Fotos, die die urlaubende Familie Mann auf der Terrasse zeigen, Kopien von Briefen und ein Bild von Ernst Mollenhauer.

Andere Exponate haben weniger mit dem Niddener Haus zu tun: so die Urkunde seiner Ehrendoktorwürde von 1919 und die knappe Mitteilung über ihren Entzug durch die Nazis im Jahr 1936. Im dunkelrosa gestrichenen Arbeitszimmer können Besucher wie einst der Dichter

Blick von der Großen Düne über die Dächer von Nida auf das Kurische Haff.

Oben: Die Zahl der Kreuze auf dem Litauischen Nationalheiligtum kann nur noch geschätzt werden.
Vorhergehende Doppelseite: Der Norden Litauens ist weitestgehend ausgedehntes Ackerland.

aufs Haff schauen. Meist blickte der aber nicht müßig ins Leere, sondern er schrieb mit gewohnter Disziplin und erfreute sich zwischendurch an der umliegenden Landschaft. Damals sah man hier sogar noch gelegentlich Elche.

Im Bernsteinmuseum sind Schmuckstücke aus jenem raren Material ausgestellt, das man hier nur noch mit Glück findet. Der Museumsleiter ist einer der wenigen noch aktiven Bernsteinfischer auf der Nehrung. Bei Südsüdwestwind soll man eine gewisse Chance haben, Bernstein am Strand der Nehrung zu finden. Günstig sind auch Herbststürme, die das Meer ordentlich in Bewegung bringen. Gefundenen Bernstein darf man heute sogar aufheben und mitnehmen – in früheren Zeiten stand darauf die Todesstrafe.

Die Wasserqualität ist auf der Nehrung sehr gut. Schon seit 2002 weht in Nida die Blaue Flagge, die für eine hohe Wasserqualität bürgt.

Der Norden

Šiauliai

Šiauliai (Schaulen) ist von zentraler Bedeutung für Selbstverständnis und Nationalbewusstsein der Litauer. Hier schlug Fürst Mindaugas 1236 den Schwertritterorden. Obwohl Šiauliai heute als Universitätsstadt ein Zentrum der Wissenschaften und der Künste ist, vermochte die Stadt im Lauf ihrer Geschichte nie mehr ganz an jenes gloriose historische Ereignis im Mittelalter anzuknüpfen.

Was von der Altstadt nach dem Ersten Weltkrieg übrig geblieben war – ungefähr die Hälfte –, fiel dem nächsten Weltkrieg zum Opfer und wurde anschließend nicht wieder restauriert. Einziges erhaltenes Bauwerk aus dem 17. Jahrhundert ist die 1634 erbaute Kirche St. Peter und Paul. Die im Renaissance-Stil erbaute Kirche besitzt einen

Oben: Im Zentrum des Berges der Kreuze thront, wie es sich für ein katholisches Land gehört, die Madonna.

70 Meter hohen Turm. Touristen erleben die Stadt zumeist auf dem Weg zum nahe gelegenen Berg der Kreuze, der bedeutendsten nationalen Pilgerstätte Litauens.

Berg der Kreuze

Sieben Kilometer nördlich von Šiauliai liegt eines der Nationalheiligtümer Litauens: der Berg der Kreuze. In ihm verbinden sich Religiosität und Patriotismus des Landes. Seit dem 19. Jahrhundert stecken Pilger in der unbewohnten Gegend Kreuze, Rosenkränze und Heiligenfiguren in einen Hügel, auf dem zur Zeit der Angriffe der Kreuzritter eine Festung gestanden haben soll. Der Brauch beleuchtet ein düsteres Kapitel der russischen Herrschaft über die Region. Im Jahre 1831 wurde eine Revolte gegen das Zarenregime brutal niedergeschlagen; die ersten Kreuze auf dem Hügel galten dem Gedenken der litauischen Opfer.

Zwar erhielt der Berg ab diesem Zeitpunkt sein heutiges Gesicht, eine Pilgerstätte soll er aber schon rund 500 Jahre länger sein. Heute symbolisiert jedes Kreuz ein Gebet, eine Bitte oder eine Danksagung. Viele der älteren Kreuze sind Menschen gewidmet, die während der Sowjetzeit nach Sibirien verschleppt wurden. Von Anfang an verband sich hier der Glaube mit dem Protest gegen Fremdherrschaft.

Als Litauen zur Sowjetunion gehörte, entfernten die Besatzer die Kreuze genauso schnell, wie sie von der Bevölkerung wieder aufgestellt wurden. So verbündete sich hier die Religion mit Widerstand. Doch der Kampf gegen Gott ist mühsam und langwierig, und Mitte der 1980er Jahre siegte der Glaube. Mehr als 50.000 Kreuze bieten heute einen eindrucksvollen Anblick. Der polnische Papst Johannes Paul II. stellte bei seinem Besuch in Litauen 1993 selbst eines auf.

Region Žemaitija

Die Region Žemaitija umfasst den gesamten Westen Litauens von der Grenze nach Lettland bis zur Nemunas. „Žemaitija" heißt zutreffend „flaches Land". Dennoch gibt es hier einige maßvolle Erhebungen.

Telšiai ist der Verwaltungssitz der Region, ein idyllisch zwischen Feldern, Wäldern und Seen gelegenes Städtchen mit 31.000 Einwohnern. Es zählt zu den ältesten Städten des Landes. Allein wegen der schönen Lage auf Hügeln über dem Fluss Durbinis ist Telšiai ein lohnendes Ziel; mit dem Bischofsdom, einer barocken Kirche mit achteckigem Turm auf dem höchsten Hügel und einem Bernhardinerkloster besitzt sie außerdem einige sehenswerte Bauwerke.

Žemaitija-Nationalpark, Plunge und Biržai

Der nordwestlich von Telšiai gelegene Žemaitija-Nationalpark gehört zu den jüngeren Schutzgebieten des Landes; seit 1991 steht das Areal unter Schutz. Knapp die Hälfte seiner 20.000 Hektar Fläche bestehen aus intakter Waldlandschaft, der Rest aus Seen, Flüssen, Bächen sowie Wiesen und Sumpfgebiet. Der Nationalpark stellt das größte Wald- und Seengebiet in Niederlitauen dar. Sitz der Parkverwaltung ist das Städtchen Plateliai. Mit gerade mal 1100 Einwohnern ist dieser Ort ländlich und ruhig, und gerade das macht seinen Reiz aus. Seine 1744 errichtete Holzkirche ist einer der ältesten Sakralbauten aus Holz in Litauen. Sie liegt am Ufer des Sees Plateliai.

Ein Stück westlich von Telšiai liegt Plunge. Ihren Ruhm schöpft diese Stadt aus der Tatsache, dass hier der bedeutende Maler und Komponist Mikalojus Konstantinas Čiurlionis 1909 und seine Frau, die Schriftstellerin Sofija Kymantaite, ihr erstes Ehejahr verbrachten. Das junge Paar bewohnte ein recht bescheidenes Holzhaus, das seinerzeit gleich neben der Backsteinkirche stand.

Ein Holzhaus ist dort noch immer, allerdings handelt es sich dabei um einen Nachfolgerbau. Älter ist das Schloss Gandinga, das der Fürst Mykolas Oginskis 1879 erbauen ließ. Erhalten sind die Seitenflügel, der Pferdestall und das Haus des Gärtners. Zu Čiurlionis' Zeiten war im Schloss eine Musikakademie untergebracht, die der Komponist besuchte. Heute ist im Schloss das Samogitische Kunstmuseum ansässig. Samogitisch bezeichnet einen Dialekt, der im Westen Litauens noch gesprochen wird.

Die zahlreichen Brauereien der 17.000 Einwohner-Stadt Biržai haben der 20 Kilometer südlich der Grenze nach Lettland am Zusammenfluss von Apascia und Agluona gelegenen Stadt den Ruf einer Bierhauptstadt Litauens eingetragen. Doch Biržai ist auch historisch von Bedeutung. Das im 16. Jahrhundert errichtete Schloss des Grafen Radvilas am Širvenos-See war mit Wällen, Graben und Zugbrücke einstmals eine wehrhafte Festung.

Zu Zeiten der Radvilas war Biržai – wie Kėdainiai – ein Zentrum der Reformationsbewegung. Im 18. Jahrhundert übernahm der Graf Tiškevičius die Stadt und ließ sich sein eigenes Schloss errichten. Heute ist das Schloss Sitz des Regionalmuseums; gelegentlich werden hier auch Konzerte gespielt. Zu den Baudenkmälern der Stadt zählen außerdem ihre Kirchen: Die im 19. Jahrhundert errichtete Kirche des Heiligen Johannes des Täufers besticht durch die Einheit ihrer inneren und äußeren Form. Genauso sehenswert ist die Evangelisch-Reformierte Kirche von Biržai.

Denkmal für ein Universalgenie: den Künstler Mikalojus Konstantinas Čiurlionis, der in Plunge das erste Ehejahr mit seiner Frau verbrachte.

Baltische Herrenhäuser

Im Jahr 1925 veröffentlichte die „Gesellschaft für Geschichte und Altertumskunde" in Riga eine düstere Prognose. Schon sehr bald, meinte der ehrwürdige Verein, würden die baltischen Gutshäuser, die über Jahrhunderte den historischen Landschaften Kurland, Livland und Estland ihr Gepräge gaben, dem Verfall preisgegeben werden. Sie seien „unrettbar dem Untergang geweiht". Den Prozess könne kein noch so trefflich organisierter Denkmalschutz aufhalten, keine Opferwilligkeit Einzelner, „zu groß ist die Zahl der Objekte, zu stattlich die Größe der einzelnen Baudenkmäler". Als diese Zeilen geschrieben wurden, war die Revolution von 1905, in der fast 200 Herrenhäuser in Flammen aufgegangen und weitere 500 zerstört worden waren, 20 Jahre vorbei. Der Erste Weltkrieg mit seinen Verheerungen lag sechs Jahre, die Agrarreformen von Lettland und Estland, in denen die baltischen Großgrundbesitzer bis auf jeweils ein kleines Restgut entschädigungslos enteignet worden waren, lagen gerade ein Jahr zurück.

700 Jahre Kolonial- und Siedlungsgeschichte mit blutigen Bauernaufständen und vielen Konflikten, aber auch großen Kultur- und Bildungsleistungen hatten ihr Ende gefunden: Die Epoche der Nationalstaaten begann. An die baltischen Ritter erinnerten nur noch ihre steinernen Hinterlassenschaften: die Ruinen der Vasallenburgen, die gotischen Kirchen in den Städten und auf dem flachen Lande die Adelssitze. Deren Baugeschichte und kunsthistorische Bedeutung suchte der Stadtbaudirektor von Riga, Heinz Pirang, zu erfassen.

Seine Ergebnisse veröffentlichte er zwischen 1926 und 1930 in dem dreibändigen Werk „Das baltische Herrenhaus". Noch heute ist es die wichtigste Publikation zu diesem Thema. Nach seiner Liste gab es vor 1919 auf dem Gebiet des heutigen Lettlands 1.071 Rittergüter mit Herrensitzen und Schlössern und in Estland 874 Rittergüter, 165 Domänen, 22 Stadtgüter sowie 13 Güter, die zum Besitz der drei estnischen Ritterschaftsverbände gehört hatten.

Heute ist weder für Lettland noch für Estland auch nur annähernd genau zu sagen, wie viele dieser Baudenkmäler noch erhalten sind. Die Prognose der Rigaer Geschichtsgesellschaft hat sich mehr als bewahrheitet, denn die Herrenhäuser, Gutshöfe und Schlösser, aber auch die früheren Pastorate sind in übergroßer Zahl im vergangenen Jahrhundert so gründlich verändert oder zerstört worden, dass es nicht einmal mehr eine Erinnerung an sie gibt. In Lettland ist die Situation dank einer langen Denkmalschutztradition besser als in Estland. In Riga wird derzeit an einem Güterverzeichnis gearbeitet.

Eine Dokumentation über die alten Parkanlagen, die die Herrenhäuser stets umgaben, ist vom staatlichen Lettischen Institut bereits erstellt worden. In Estland hingegen gibt es nur die private, idealistische Initiative von Valdo Praust. Seit Jahren befasst er sich mit großem Fleiß und Sachverstand damit, den Bestand mit Fotos und Kurzangaben zur Gutsgeschichte digital festzuhalten (www.mois.ee). Er schätzt die Zahl der in Estland noch vorhandenen Gutshäuser auf etwa 400, kein einziges sei aber in seiner „echten und unberührten Form" erhalten geblieben.

Der Verfall hat viele Varianten. Gleich nach der Agrarreform gab es die Neusiedler, die die Herrenhäuser billig vom Staat erwarben und sie für ihre Wirtschaften nach Bedarf umbauten. Zudem kamen nach Beendigung des Krieges die vom Zar 1914 aus den baltischen Grenzgebieten nach Russland Deportierten zurück, die ihre zerschossenen eigenen

Das Herrenhaus Kalvi an der Nordküste von Estland beherbergt heute ein Hotel.

Häuser mit Türen, Fenstern und Dachziegeln aus Herrenhäusern wieder instand setzten. Am Alltäglichsten war der „natürliche" Verfall: Die Kommunen überließen die Häuser aufgrund finanzeller Knappheit, altem Hass gegen die Deutschbalten oder mangels eigener Ideen einfach ihrem Schicksal.

Dem Zweiten Weltkrieg mit seinen verheerenden Zerstörungen fiel neben unzähligen Gutshäusern auch das einzige Königsschloss im Baltikum zum Opfer: Schloss Oberpahlen im Ort Põltsamaa an der Hauptverkehrsstraße von Tartu nach Tallinn. Allerdings war das Schloss nur Zentrum eines absurden Kleinkönigreichs. 1570, im Livländischen Krieg, hatte Zar Iwan der Schreckliche seinen deutsch-dänischen Vasallen Magnus von Holstein zum „König von Livland" erhoben. Freier Zugang zur Ostsee und große Handelspläne waren Hintergrund des Schachzugs. Statt Land und Macht musste Magnus jedoch mit der Nichte Iwans und dem 1272 gebauten Burgschloss Vorlieb nehmen. Das neue Königreich endete an den Schlossmauern und wurde acht Jahre später aufgelöst. Nach der Einäscherung von Schloss Oberpahlen im Nordischen Krieg wurde es als wunderschönes Rokoko-Schloss neu gebaut. Die Revolutionszeiten überstand es, wurde aber im Juli 1941 in Trümmer gelegt, die heute noch herumliegen.

Nach dem Krieg folgte die große Sowjetisierung, in der die Bauern in Kolchosen und Sowchosen gezwungen wurden. Aus den Herrenhäusern wurden Parteisitze, Verwaltungshäuser und Mehrfamilienhäuser für landlose Arbeiter. Wenn die Häuser vor 1750 errichtet und deshalb oft nur einstöckig waren, wurden sie sogar zu Ställen umgebaut. Ein Beispiel dafür ist das Herrenhaus des Guts Woiseck (Voisiku, 1558) zwischen Tartu und Vijandi (Fellin). Es ist in die Literaturgeschichte eingegangen, denn hier spielt der in viele Sprachen übersetzte historische Roman von Jaan Kross, „Der Verrückte des Zaren". Erzählt wird die Geschichte des Adligen Timotheus von Bock, der seinem Freund und Zaren Alexander I. verspricht, stets die Wahrheit zu sagen. Er hält sein Versprechen und verschwindet dafür neun Jahre in den finsteren Verließen der Peter-und-Pauls-Festung. Nach der vorzeitigen Entlassung als angeblicher Geisteskranker wird er in ein Nebengebäude des Bock'schen Familiensitzes Woiseck verbannt, in dem er unter merkwürdigen Umständen stirbt, vermutlich von fremder Hand.

Das Herrenhaus war vom Zar konfisziert und der Livländischen Ritterschaft übergeben worden. Es wurde bis 1920 von einem baltischen Adligen an den anderen weitergereicht. In den 50er Jahren soll im Haus Vieh untergebracht worden sein. Es befinde sich in einem sehr schlechten Zustand, schreibt Kross 1979 im Nachwort zu seinem Buch.

Die größte Chance, bewahrt zu bleiben, hatten die Adelsitze, die von Kommunen übernommen worden waren. Sie wurden als Schulen, Krankenhäuser, Pflegeheime oder Kulturhäuser genutzt. Zwar wurden die Innenräume dem jeweiligen Zweck angepasst, aber die Fassaden blieben unangetastet und die Dächer heil, so wie in dem ebenfalls bei Kross erwähnten Schloss Lustifer (Lustivere) in der Nähe des früheren Schlosses Oberpahlen. Das Haus mit seiner vornehmen neogotischen Fassade und dem auffallenden Turm ist seit Jahrzehnten ein Pflegeheim. Das in Jaan Kross' Roman eine größere Rolle spielende spätbarocke Gut Neu-Oberpahlen (Uue-Põltsamaa) diente bis in die 70er Jahre als Kinderheim, heute befindet es sich in Privatbesitz. Nur in etwa 60 früheren Herrensitzen sollen sich heute noch soziale Einrichtungen befinden, was den Schluss zulässt, dass viele frühere Herrensitze inzwischen Privatbesitz sind.

Eine Schule ist seit den 30er Jahren in einem der schönsten klassizistischen Güter Estlands untergebracht: Rittergut Alb (Albu) im Kirchspiel Järva-Madise im Bezirk Järvamaa (Jerwen). 1282 wurde es zum erstenmal urkundlich erwähnt, nach der Zerstörung im Nordischen Krieg Anfang des 18.

Herrenhaus Palmse im Laheema Nationalpark

Jahrhundert neu errichtet und ab 1995 sehr sorgfältig restauriert. Bei den Arbeiten entdeckte man virtuos verzierte Kachelöfen und Kunstwerke aus der Barockzeit, um die sich seit Jahrzehnten niemand gekümmert hatte. Das Haus hatte früher dem estnischen Ritterschaftsverband gehört.

Weniger als in Lettland, aber immer öfter werden jetzt auch in Estland erhaltenswerte Gutshäuser als Hotels genutzt. Das bekannteste Beispiel liegt im Nordosten, im landschaftlich reizvollen Nationalpark Lahemaa, etwa 80 km von Tallinn entfernt. Geradezu klassisch liegt das schon im Mittelalter existierende, bestens erhaltene Gut Palmse (Palms) auf einem kleinen Hügel. Sein heutiges Gesicht bekam es in den Jahren 1782–85. Fast alle Herrenhäuser erbaute man früher auf Anhöhen, seien es echte oder künstlich aufgeschüttete, damit die Herrschaftsverhältnisse auch topographisch klar sichtbar waren. Vor dem Haupteingang gibt es auch noch den traditionellen Rundweg für die vorfahrenden Kutschen, links und rechts vom Weg die wichtigsten Gutsgebäude sowie das unverzichtbare Kutscherhaus. Im Rücken der alten Häuser hatte man früher die großen Parks angelegt mit ihren Teichen, Rundtempelchen, Gartenlauben und Wegen unter alten Bäumen. Dieses Ensemble ist in Palms noch gut zu erkennen, der Park gilt als schönster in Nordestland. Das Hauptgebäude ist seit den 50er Jahren Sitz der Naturparkverwaltung, ist aber zu besichtigen. Übernachten lässt sich heute in der frisch renovierten früheren Schnapsbrennerei. Von 1674 bis zur Güterenteignung hatte Palmse der Familie von Pahlen gehört. In der Nähe liegen weitere Güter, deren frühere Verwalterhäuser zu Hotels umgebaut worden sind. Einen Besuch lohnt das alte Gut Sagadi (Saggad, errichtet um 1790), in dessen Herrenhaus ein Forstmuseum untergebracht ist. Es ist stolz auf seine Sammlung von Kettensägen.

Das Herrenhaus Alatskivi Loss nordöstlich von Tartu.

Restaurierte Wandmalerei im Landgut Orellenhof, Stammhaus der Familie von Campenhausen,

Die baltischen Herrenhäuser spiegeln die Geschichte des Adels und damit auch die Geschichte des Landes wider. Die Vergangenheit der weitverzweigten Sippe von Stackelberg lässt sich bis zum Ordensstaat zurückverfolgen. Das Beispiel belegt anschaulich, über wie viel Besitz einzelne Adelsfamilien bis zur Enteignung verfügen konnten. Zum Zeitpunkt der Enteignung 1920 waren sie im Besitz von gut einem Dutzend großer und sehr großer Güter und Gutshäuser, von denen mindestens fünf kunsthistorisch wertvolle erhalten geblieben sind.

Ihr ältester Besitz war das im Nordosten gelegene Rittergut Alt-Isenhof (Burg Purtse) bei Lüganuse (Luggenhusen) am Finnischen Meerbusen, etwa 20 Kilometer von der Ölschieferstadt Kohtla-Järve entfernt. Die kalkweiße Steinburg mit dicken Mauern, kleinen Fenstern und integriertem rundem Wachturm wurde 1553 erbaut, im Nordischen Krieg zerstört, aber in der alten Form wieder aufgebaut. Zum Gut gehörten 8.095 ha Hofland. Nach der Enteignung und nach dem Krieg diente es landwirtschaftlichen Zwecken, wurde aber schon zu Sowjetzeiten schön renoviert und wird heute von der Kommune als Veranstaltungsort für Konzerte und Ausstellungen benutzt.

Mitte des 19. Jahrhunderts kauften die von Stackelbergs das riesige Schloss Hördel (Höreda) in der Gemeinde Rapla (Rapla maakond) im westlichen Landesinneren Estlands. Es ist, auf den Fundamenten eines Ordenssitzes (1250) errichtet, eines der schönsten und am stilechtesten gebauten klassizistischen Schlösser aus der Zeit um 1800. Es ist unbekannt, für welchen Zweck das eindrucksvolle Gebäude genutzt worden ist, aber seit 1988 steht es leer. Ein Privatmann hat es gekauft, das Dach neu decken lassen, seitdem ist aber nichts geschehen. Leere Fensterhöhlen starren die Besucher an, die am Betreten des Gebäudes durch einen Zaun gehindert werden.

Ein günstigeres Schicksal ist dem viele hundert Zimmer großen Schloss Kaltenbrunn (Roosna-Alli-

Altes Hofgut in Saaremmaa, Estland.

ku), ca 18 Kilometer von der Stadt Paide (Weißenstein) im Landesinneren, beschert worden. Dieses Schloss hatte im 16. Jahrhundert einer der berühmtesten Architekten seiner Zeit für eine der einflussreichsten baltischen Familien, für die Barone von Rosen, erbaut und geriet durch Heirat in den Besitz derer von Stackelberg. Zu Beginn des 18. Jahrhunderts wurde es im frühklassizistischen Stil umgebaut und erweitert. Zum Besitz gehörten früher über 5.000 ha Gutsland und bis zur Entlassung der estnischen Bauern aus der Leibeigenschaft 1811 „vier Dörfer samt Seelen". Seit 1924 wird das große Schloss als Schule und Veranstaltungsort genutzt.

Eine Schule ist auch in den Gutshof Fähna (Vääna) in der Gemeinde Harku im Bezirk Harjumaa an der Südküste des Finnischen Meerbusens eingezogen. Das langgestreckte Gebäude mit Rotunden an den beiden Flügeln ähnelt einem Palais. Der Bau von 1784 ist eine Stilmischung von Barock und Klassizismus. Im Palais befand sich eine der großen privaten Kunstsammlungen des estnischen Adels, darunter ein Selbstportrait von Hans Holbein dem Jüngeren, das heute im Kunstmuseum von Tallinn hängt. Ebenfalls durch Heirat gelangte das in der Nähe von Schloss Kaltenbrunn liegende, 1394 erstmals erwähnte Schloss Neu-Riesenberg (Riisipere) im Kirchspiel Nissi (Nisslin) in den Familienbesitz der Stackelbergs. Ein früherer Besitzer des Gutes (Hans Üxküll) war 1535 in Reval enthauptet worden, weil er im Stadtgebiet einen Bauern zu Tode misshandeln ließ. Hätte er dies auf seinen Gut getan, wäre ihm nichts passiert. 1821 wurde es umgebaut und galt als eines der luxuriösesten Häuser seiner Zeit. Im Revolutionsjahr 1905 zerstörten es die Truppen des berühmt-berüchtigten „Bauerngenerals" Kristijan Bokis Es wurde dann von der Familie wiedererrichtet, allerdings mit einem neuen, protzig wirkenden Mittelteil. Nach der Enteignung wurde es erst Sanatorium, in den vierziger Jahren ein deutsches Lazarett, in der Sowjetzeit bis etwa 1960 ein Waisenhaus, danach ein Kindererholungsheim. Nach der Unabhängigkeit hat es ein Privatmann gekauft.

Bildnachweis

Coverabbildungen **picture alliance/Bildagentur Huber/R. Schmid:** Vorderseite
H.-J. Schneider/Köln: Rückseite oben
123rf.com: Rückseite unten

Archiv des Verlages: Karte S. 6

123rf.com: S. 8, 11, 12, 13, 15, 16, 17, 71, 81, 112, 118, 131, 166, 173, 185, 188, 189, 198, 200, 216, 223

BigStockPhoto.com: 14, 23, 24, 25, 28, 41, 45, 50, 52, 53, 64, 67, 68, 69, 74, 75, 79, 80, 88, 92, 156, 175, 180, 184, 220, 222

fotolia.com: 93, 269, 271, 273, 275, 284, 295

istockphoto.com: 9, 21, 22, 26, 34, 44, 51, 62, 65, 70, 72, 78, 85, 86, 87, 90, 106, 107, 110, 111, 114, 115o., 115u., 117, 125, 134, 154, 155, 172, 174, 177, 178, 213, 215, 218, 221, 231, 234, 253, 255o., 255u., 256, 266, 267, 276, 287o., 287u., 292, 293, 294, 296, 319

LuckyOliver.com: S. 121

Christian Nowak/Berlin: S. 116, 128, 129, 278

picture alliance-dpa/Frankfurt: S. 39, 48

H.-J. Schneider/Köln: S. 7, 120, 124, 130, 132, 133, 136, 140, 141, 144, 145, 150, 151, 152, 153, 158o., 158u., 159o., 159u., 160, 161, 162, 163, 165o., 165u., 168, 196, 197, 205o., 205u., 206, 207, 208, 209, 225, 226, 230, 242, 244, 245, 248, 249, 254, 298, 299, 300, 301, 302, 304, 305, 306, 307, 308, 310, 311

transit/Leipzig: Christiane Eisler S. 137, 146, 250; Peter Hirth S. 10, 18, 20, 27, 29, 30, 31, 32, 33, 35, 36, 37, 40, 43, 46, 47, 49, 54, 55, 56, 57, 58, 59, 61, 73, 76, 82, 83, 89, 94, 95, 96, 97, 99, 100, 102, 103, 104, 108, 109, 119, 122, 126, 138, 139, 143, 148, 149, 169, 170, 176, 179, 182, 183, 186, 191, 192, 193, 194, 195, 202, 203, 210, 219, 224, 227, 228, 232, 233, 235, 236, 238, 239, 240, 241, 243, 246, 252, 257, 258, 260, 261, 262, 263, 264, 265, 270, 272, 274, 280, 282, 283, 288, 290, 297, 313, 315, 316, 317, 318